MARKUS WILLIAMSON

Business English to go

Praxisbuch zu Redewendungen, Umgangsformen
und erfolgreiche Kommunikation
im Geschäftsleben

1. Auflage

Solution Oriented Books

ISBN: 978-3-9824790-2-6

INHALTSVERZEICHNIS

SYMBOLIK

Im Buch werden Sie immer wieder auf die nachfolgenden Symbole treffen. Zum besseren Verständnis erfahren Sie hier ihre Bedeutungen.

AUDIO-INHALTE

Beim Business Englisch ist die richtige Aussprache wichtig. Allerdings können Sie die Aussprache nicht nur mit schriftlichen Texten üben. Aus diesem Grund finden Sie nachfolgend einen QR-Code, über den Sie Audio-Inhalte für bestimmte Kapitel herunterladen können. Durch das Kopfhörersymbol erkennen Sie, wann solche Inhalte zur Verfügung stehen, die auf Englisch vorgelesen werden, sodass Sie durch Nachsprechen an Ihrer Aussprache arbeiten können.

Bei neueren Smartphones erkennt die Kamera-App QR-Codes automatisch. Der QR-Code muss nur im Bildausschnitt platziert werden. Das Smartphone bietet dann an, eine Internetseite zu öffnen, die die zusätzli-

https://bit.ly/3OnjhJZ

chen Informationen enthält. Die Nutzer*innen älterer Smartphones müssen ggf. einen QR-Code-Reader installieren. Diese Apps sind für die meisten Mobiltelefonbesitzer*innen kostenfrei verfügbar.

Zusätzlich wurde die Internetseite unter dem QR-Code angegeben, damit bei Problemen mit der QR-Code-Nutzung oder bei fehlendem Zugang über ein Smartphone die Seite direkt im Webbrowser eingegeben werden kann.

VOKABELN

Beim Studium des Buches werden Sie erfahren, dass es viele Vokabeln zu lernen gibt. In jedem Fall sollten Sie sich den Wortschatz für die einzelnen Kapitel gut anschauen. Die meisten Vokabeln beziehen sich auf das Geschäftsleben. Es gibt allerdings auch solche, die von allgemeiner Bedeutung sind und Ihnen entweder bei der persönlichen oder schriftlichen Kommunikation helfen.

ÜBUNGEN

Übung macht bekanntlich den Meister. Daher sollten Sie das gelernte Wissen vertiefen, indem Sie unterschiedliche Übungen absolvieren. Bei den Aufgaben in diesem Buch kann es sich bspw. um Fehleranalyse, Lückentexte oder Multiple-/Single-Choice-Fragen handeln.

LÖSUNGEN

Die Lösungen in diesem Buch sollen das Lernen unterstützen, das Verständnis fördern und die Weiterentwicklung der Fähigkeiten ermöglichen. Durch den Vergleich der eigenen Ergebnisse mit den bereitgestellten Lösungen können Sie Ihre Fortschritte messen und gezielt an Ihren Schwächen arbeiten.

ARBEIT MIT DIESEM BUCH

Die meisten Leser*innen haben vermutlich ihr eigenes Prozedere beim Lernen entwickelt. Trotzdem wird eine Vorgehensweise vorgestellt, die Ihnen beim effizienten und nachhaltigen Lernen des Business Englisch helfen soll.

1. VERSCHAFFEN SIE SICH EINEN ÜBERBLICK

Schauen Sie sich zuerst einmal die Inhalte des Buches in aller Ruhe an. Verschaffen Sie sich mit Hilfe des Inhaltsverzeichnisses einen Überblick, um eine Vorstellung von der Struktur und den Themen zu bekommen.

2. MACHEN SIE SICH WÄHREND DES LERNENS NOTIZEN

Lernen Sie aktiv und machen Sie sich während des Lernens Notizen. Auf diese Weise können Sie Ihr Wissen besser vertiefen.

3. NUTZEN SIE AUDITIVE UND VISUELLE HILFSMITTEL

Greifen Sie auf auditive und visuelle Hilfsmittel zurück. Sie können bspw. Skizzen, Mindmaps und Zusammenfassungen erstellen und nach jedem Kapitel die Inhalte anhören, um Ihre Aussprache zu verbessern. Das Einprägen fällt leichter, wenn sie sowohl gelesen als auch gehört und nachgesprochen werden, denn so lernen Sie mit mehreren Sinnen.

4. PRÜFEN SIE IHR VERSTÄNDNIS

Sobald Sie ein Kapitel bearbeitet haben, sollten Sie prüfen, ob Sie alles verstanden haben. Nutzen Sie die Übungen und versuchen Sie, die wichtigsten Inhalte in eigenen Worten wiederzugeben.

5. WIEDERHOLEN SIE KAPITEL

Es könnte sein, dass Sie ein Kapitel nach einmaligem Lesen noch nicht verinnerlicht haben. Eine Wiederholung bietet sich stets an, um Redewendungen, Vokabeln und Regeln zu festigen.

6. LESEN SIE DAS BUCH MEHRMALS

Eine mehrfache Bearbeitung der Themen des Ratgebers verspricht ein tieferes Verständnis für den englischen Sprachgebrauch und garantiert das Einprägen der wichtigen Inhalte.

7. WENDEN SIE DAS WISSEN IN DER PRAXIS AN

Probieren geht über Studieren! Daher sollten Sie das Gelernte anwenden. Sie können bspw. vermehrt das Gespräch mit englischsprachigen Kolleg*innen suchen.

8. SCHLAGEN SIE BEI UNSICHERHEITEN NACH

Es wird immer wieder Situationen geben, in denen Sie unsicher sind. In solchen Fällen können Sie im Buch nachschlagen und Antworten finden.

Diese Tipps helfen Ihnen, effizient mit diesem Buch zu lernen und das Gelernte besser zu behalten.

VOKABELTRAINING

Vokabeln stellen für viele Lernende eine große Herausforderung dar, da die neuen Wörter oft nicht im Gedächtnis bleiben wollen. In den meisten Fällen liegt es an einer falschen Lernmethode. Zum Glück gibt es verschiedene Techniken, um Vokabeln effektiv zu lernen.

Hier sind einige Tipps!

1. LERNEN SIE JEDEN TAG

Sie sollten an einem Tag nicht mehrere Stunden am Stück lernen. Es ist wesentlich besser, wenn Sie jeden Tag eine halbe Stunde Vokabeln üben. So lassen sie sich leichter behalten.

2. LERNEN SIE IM GESCHÄFTLICHEN KONTEXT

Versuchen Sie vollständige Sätze oder kurze Texte mit den neuen Vokabeln zu bilden. Beide Möglichkeiten sollten einen geschäftlichen Kontext haben, damit Sie gezielt an Ihrem Business Englisch arbeiten.

3. NUTZEN SIE KARTEIKARTEN UND DIGITALE HILFSMITTEL

Karteikarten kennen Sie wahrscheinlich noch aus Ihrer Schulzeit. Schreiben Sie auf die eine Seite die englische Vokabel und auf die Rückseite die deutsche Übersetzung. Anschließend gehen Sie die Karteikarten nach und nach durch, bis Sie sich die Wörter eingeprägt haben. Lautes Vorlesen hilft! Neben Karteikarten sind in der heutigen Zeit digitale Hilfsmittel wie Apps und Online-Vokabeltrainer interessant. Spiele und Quizfragen ermöglichen interaktives Lernen.

4. VERWENDEN SIE MNEMOTECHNIK

Bei mnemotechnischen Methoden kann es sich um Bilder, Eselsbrücken oder Geschichten handeln. Sie helfen Ihnen z. B. beim Einprägen schwieriger Vokabeln.

5. VERWENDEN SIE VOKABELN IN DER PRAKTISCHEN ANWENDUNG

Wenn Sie die neuen Vokabeln in einer realen Situation nutzen, werden sie durch die Anwendung und Wiederholung viel schneller im Gedächtnis verankert. Suchen Sie daher Gespräche mit englischsprachigen Menschen oder unterhalten Sie sich mit Familienmitgliedern oder Freund*innen auf Englisch.

Mit Geduld und regelmäßiger Übung werden Sie langfristig Erfolge erzielen.

1

BUSINESS ENGLISCH – MIT GUTEN SPRACHKENNTNISSEN ZUM ERFOLG

Englisch ist die meistgesprochene Sprache der Welt. Aus gutem Grund wird sie in vielen Ländern als Zweitsprache unterrichtet. Zwar ist die Umgangssprache im Alltag, z. B. auf Reisen, hilfreich, aber im Beruf braucht man viel mehr fachspezifische Ausdrücke und Konversationsgrundkenntnisse. Die Rede ist vom sog. Business Englisch, das im beruflichen Umfeld unabdingbar ist. In Zeiten der Globalisierung kommt man nicht mehr ohne Wirtschaftsenglisch aus. Nachfolgend werden einige Beispiele für die Bedeutung des Business Englisch genannt.

1. BESSERES SPRACHVERSTÄNDNIS

Kenntnisse in Business Englisch wirken sich automatisch auf das Sprachverständnis aus. Wenn Sie sich näher mit der englischen Sprache im geschäftlichen Kontext befassen, wird sich Ihr Umgang mit der Sprache generell verbessern. Es wird Ihnen auch im Alltag viel leichter fallen, auf Englisch zu kommunizieren.

2. BEWERBUNG UM EINE ARBEITSSTELLE

In vielen Berufen wird Englisch als Fremdsprache vorausgesetzt. Da die meisten Menschen die Grundlagen beherrschen, achten Recruiter*innen auf Bewerber*innen, welche aus der Masse hervorstechen. Gute Kenntnisse in Business Englisch erhöhen die Chancen bei der Jobsuche, wenn die Fähigkeiten ausreichen, um professionelle Gespräche mit Geschäftspartner*innen zu führen.

3. GESCHÄFTSREISEN IM AUSLAND

In internationalen Unternehmen ist es üblich, Fach- und Führungskräfte für Geschäftsreisen ins Ausland zu senden. Dafür braucht es gute Englischkenntnisse, vor allem in Business Englisch, um geschäftlichen Tätigkeiten nachgehen zu können. Sollte entsprechendes Sprachwissen nicht vorliegen oder nicht den Anforderungen des Unternehmens entsprechen, werden andere Arbeitnehmer*innen bevorzugt. Dadurch verringert sich Ihre Chance, in einem anderen Land zu arbeiten.

4. GESPRÄCHE MIT GESCHÄFTSPARTNER*INNEN

Gerade in Führungspositionen kommen Sie um Gespräche mit Geschäftspartner*innen nicht herum. Solche Dialoge sollten professionell ablaufen. Zum einen geht es um den Ruf des eigenen Unternehmens, zum anderen lassen sich leichter Handelsgeschäfte abschließen. Ein souveränes Auftreten ist Pflicht, denn wer in der Eloquenz unsicher ist, kann sich bei Verhandlungen schlechter präsentieren.

5. KOMMUNIKATION IM UNTERNEHMEN

Heutzutage ist es normal, dass in einem Unternehmen Menschen unterschiedlicher Nationalitäten zusammenarbeiten. Infolgedessen wird häufig auf Englisch kommuniziert. Damit ein guter Austausch funktioniert und es nicht zu Missverständnissen kommt, sind gute Sprachkenntnisse unabdingbar. Zwar reicht in einigen Situationen Alltagsenglisch aus, aber bei schwierigen Gesprächen, z. B. wenn es um den Abschluss von Verträgen, die Lieferungen durch eine Drittfirma oder eine Umstrukturierung des Unternehmens geht, kommt man mit dem Grundwortschatz für Alltagsthemen schnell an seine Grenzen. Mit Business Englisch kommen Sie auch in komplexen Gesprächssituationen zurecht.

6. NETWORKING

Egal ob es darum geht, seine Chancen am Arbeitsmarkt zu verbessern, das eigene Unternehmen voranzubringen oder als Selbstständiger tätig zu werden – der Aufbau eines beruflichen Netzwerks ist immer sinnvoll. Networking klappt jedoch wesentlich besser, wenn Sie nicht nur auf Deutsch kommunizieren können. Mit gutem Business Englisch lassen sich leichter Kontakte zu Menschen aus aller Welt knüpfen.

7. SELBSTBEWUSSTSEIN

Selbstbewusstsein ist sowohl beruflich als auch privat wichtig. Da kommt es nur gelegen, dass der kompetente Umgang mit einer Fremdsprache die Selbstsicherheit fördert. Mit gutem Business Englisch haben Sie bei Gesprächen mit Teammitgliedern sowie Gehalts- und Vertragsverhandlungen eine viel bessere Position.

8. ZUGANG ZU WEITERBILDUNGSMÖGLICHKEITEN

Viele wissenschaftliche Artikel sind auf Englisch verfasst. Das gilt auch für zahlreiche Weiterbildungsmöglichkeiten im Bereich Handel, Marketing, Technologie und Wissenschaft. Business Englisch ist somit eine Voraussetzung, um die Karriereleiter zu erklimmen.

Es spricht ergo sehr vieles dafür, Business Englisch zu lernen. Dieses umfangreiche Buch zeigt Ihnen, wie Sie sich im Geschäftsleben korrekt ausdrücken.

Doch haben Sie keine Sorge! Sie erwartet weit mehr als nur eine Ansammlung an Vokabeln. Lernen soll schließlich Spaß machen und dafür ist ein Bezug zu realen Situationen wichtig. Wenn Sie anhand dieses Buches lernen, werden Sie sehr schnell Fortschritte machen und in Ihrem beruflichen Leben vorankommen.

An dieser Stelle bleibt die Frage, wie Sie am besten mit meinem Buch lernen. Eine knappe Erklärung zum Aufbau gibt Ihnen einen Einblick.

Ein zentraler Bestandteil des Buchs sind Gespräche im Geschäftsalltag. Die Gespräche sind fiktiv, aber zeigen auf, wie unterschiedliche Situationen ablaufen können. Die deutschen Übersetzungen des Schriftverkehrs bzw. der Dialoge sind stets beigefügt. Zudem finden Sie Hinweise, um den Gesprächsablauf besser nachvollziehen zu können. Natürlich enthält das Buch auch Vokabeln, die nicht jede*r aus der Schule kennt.

Ihrer Reise in die Welt des Business Englisch steht nichts mehr im Weg. Selbst wenn Sie jede Vokabel dieses Buches kennen, bedeutet es allerdings nicht, dass Sie Business Englisch beherrschen. Vergessen Sie daher nicht, Ihr Wissen in Alltagssituationen anzuwenden. Gehen Sie dabei wie die

Protagonisten aus den Beispielgesprächen vor. Anfangs werden Sie mit Sicherheit Fehler machen, aber mit der Zeit wird sich Ihr Können stetig verbessern.

Viel Spaß beim Lernen!

2

häufige Fehler von NICHT-MUTTERSPRACHLERN

Im Grunde ist Business Englisch gar nicht schwer, aber es ist ganz normal, dass Fehler passieren. Es gibt Fehler, die je nach Muttersprache immer wieder auftreten. Im Folgenden finden Sie einige typische Fehler, die speziell bei deutschen Muttersprachlern auftreten.

2.1 VERWECHSLUNG ‚FOR' MIT ‚SINCE'

Die beiden Wörter ‚for' und ‚since' werden gern verwechselt. Es ist falsch „I've worked here since two years." zu sagen. Die korrekte Formulierung müsste „I've worked here for two years." lauten. Das liegt daran, dass sich ‚for' auf einen Zeitraum und ‚since' auf einen Zeitpunkt bezieht.

Weitere Beispiele für die richtige Verwendung von ‚for' und ‚since' sind:

He has been the CEO of the company **for 5 years.**
Er war 5 Jahre lang der CEO des Unternehmens.

He has been the CEO of the company **since 2018.**
Er ist seit 2018 der CEO des Unternehmens.

He has been talking about the topic **for two hours.**
Er spricht schon seit zwei Stunden über das Thema.

He has been talking about the topic **since 8 a.m.**
Er spricht über das Thema seit 8 Uhr morgens.

2.2 ÜBERSETZUNG ‚UNS' MIT ‚US'

Zwar lässt sich das Englische ‚us' mit ‚uns' übersetzen, aber das gilt nicht in jedem Fall. So heißt bspw. „Wir sehen uns morgen." im Englischen nicht „We'll see us tomorrow." Korrekt wäre die Übersetzung „We'll see each other tomorrow.".

2.3 ANTWORT AUF „HOW ARE YOU?"

Eine kurze Antwort ist bei „How are you?" in Ordnung. Die Formulierung ist schließlich eher eine Begrüßungsart als eine Frage. Es ist also nicht notwendig, ausführlich darauf zu antworten. Trotzdem gehen viele gern ins Detail.

Mögliche kurze Antworten auf die Frage „How are you?" wären:

„I'm doing well, thanks. How about you?"
„I'm fine, thanks for asking."
„I'm good, thank you."

2.4 SINGULAR UND PLURAL

Hin und wieder nutzen Deutsche einige Wörter, die es im Englischen nicht gibt. Dazu gehören u. a. Wörter, die nur im Singular gebräuchlich sind. Eines dieser Wörter ist ‚information'. Egal wie groß die Menge an Informationen ist, es wird immer bei ‚information' bleiben. Die Pluralform ‚informations' gibt es nicht. Weitere Beispiele sind ‚knowledge' und ‚water'.

2.5 VERWENDUNG FALSCHER PRÄPOSITIONEN

Präpositionen sind in jeder Fremdsprache schwierig. Das Englische bildet hier keine Ausnahme. Wer z. B. sagen möchte, dass er zum 18. Geburtstag einen Roller bekommen hat, kann nicht „With 18 I got a scooter." sagen. Richtig wäre „At 18, I got a scooter." oder „When I was 18, I got a scooter.".

Ein weiterer Beispiel Satz, in dem die Präposition falsch eingesetzt wurde:

„I will meet you on the airport."

Die korrekte Präposition, die verwendet werden sollte, ist „at" anstelle von „on". Der Satz sollte also lauten:

„I will meet you at the airport."

2.6 ÜBERSETZUNG ‚BY' MIT ‚BEI'

Sie können nicht sagen „I'm by my boyfriend/girlfriend.", wenn Sie jemandem mitteilen möchten, dass Sie gerade bei Ihrem Freund oder Ihrer Freundin sind. Richtig wäre „I'm at my boyfriend/girlfriend.".

Weiteres Beispiel:
Falsch: „She works by a law firm."
Korrekt: „She works at a law firm."

2.7 VERWENDUNG ‚IF' ANSTELLE VON ‚WHEN'

Die Wörter ‚if' und ‚when' sind sich so ähnlich, dass sie gern synonym genutzt werden. Das ist zwar nachvollziehbar, aber schlichtweg falsch. ‚If' ist für Bedingungssätze gedacht, während ‚when' bei Temporalsätzen zum Einsatz kommt. „If he calls me, I'll go." heißt „Wenn er mich anruft, werde ich gehen.". Der englische Satz „When he calls me, I'll go." heißt hingegen „Sobald er mich anruft, werde ich gehen.".

2.8 AUSSPRACHE ‚TH'

Im Deutschen gibt es kein ‚th' und daher haben viele Deutsche Probleme mit der Aussprache. Zum Glück gibt es selbst im Geschäftsleben nur wenige Menschen, die das ärgerlich finden. Trotzdem ist es besser, wenn Sie das ‚th' üben und Ihre Aussprache verbessern, weil das weit professioneller wirkt. Sie sollten Ihre Zunge zwischen die Zähne legen, wobei die Zungenspitze herausstehen muss. Anschließend atmen Sie tief ein und pusten die Luft durch die Zwischenräume aus. Sobald Ihre Zunge vibriert, artikulieren Sie ein explosives ‚th'. Sollte es nicht wie ein ‚s' klingen, ist das ein guter Anfang.

2.9 ÜBERSETZUNG ‚HOW' MIT ‚WIE'

Eine weitere Interferenz, bei der Strukturen aus der Muttersprache in die Zielsprache übertragen werden, gibt es beim englischen Wort ‚how'. ‚How' wird gern mit ‚wie' übersetzt. Das ist zwar nicht grundsätzlich falsch, allerdings auch nicht immer richtig. Bei „How are you?" ist die Übersetzung mit ‚wie' richtig. „How does it look like?" ist hingegen eine falsche Konstruktion. Wenn Sie wissen möchten, wie etwas aussieht, sollten Sie besser „What does it look like?" nutzen.

2.10 ZEITANGABEN MIT ‚WILL'

Im Deutschen können wir auch im Präsens über zukünftige Ereignisse sprechen. „Am Samstag gehe ich ins Kino." statt „Am Samstag werde ich ins Kino gehen.". Bei Übersetzungen ins Englische darf man jedoch das Wort ‚will' nicht vergessen. Sie können bspw. nicht sagen „We see what we can do.". Richtig wäre „We will see what we can do.".

2.11 VERWENDUNG ‚CHEERS' IN GESCHÄFTLICHEN E-MAILS

Tatsächlich bedeutet ‚Cheers' in E-Mails nicht ‚Prost', sondern ‚Danke'. Trotzdem sollten Sie sich gut überlegen, ob Sie das Wort in geschäftlichen E-Mails verwenden möchten. Wesentlich besser ist die Formulierung ‚With best regards'.

2.12 DENGLISCHER WITZ

Bei deutschen Kolleg*innen mögen denglische Witze gut ankommen, aber bei Geschäftspartner*innen aus dem englischsprachigen Raum wahrscheinlich nicht. „My English is not the yellow from the egg, but it goes." mag zwar witzig klingen, sorgt aber nur für unnötige Verwirrung. Denglische Scherze sind daher weder bei englischsprachigen Geschäftspartner*innen noch Teammitgliedern angebracht, denn sie werden den Sinn nicht verstehen.

2.13 JURISTISCHE PERSONEN

‚Personen' mit ‚persons' zu übersetzen, ist zwar grammatikalisch korrekt, aber trotzdem nicht ganz richtig. Das liegt daran, dass sich das englische Wort ‚persons' nur auf juristische Personen bezieht, z. B. „The committee comprises five persons.".

Alle anderen ‚Personen' sind ‚people'.

2.14 ARTIKELVERWENDUNG

Es gibt Fälle, in denen wir im Deutschen auf einen Artikel verzichten können, aber im Englischen ein unbestimmter Artikel benötigt wird. Ein Beispiel dafür ist der Satz „Ich bin Geschäftsmann.". Es wäre falsch „I'm businessman." zu schreiben. Die richtige Übersetzung lautet „I'm a businessman.".

2.15 VERWENDUNG DES PRESENT PROGRESSIVE

Das Present Progressive wird im Englischen genutzt, wenn eine Handlung gerade im Verlauf ist. Wenn z. B. ein*e Deutsche*r sagt: „Ich gehe (gerade) in die Firma, um meinen Chef zu treffen." heißt die englische Übersetzung nicht „I go to the company to meet my boss.", sondern „I'm going to the company to meet my boss.".

2.16 GRUPPENBEGRÜßUNG

Im Deutschen sagen wir gern „Hallo zusammen!", um eine Gruppe von Personen zu begrüßen. Im Englischen sollten man jedoch nicht „Hello together!" nutzen. Deutlich besser ist ein „Hello everyone!". Soll es etwas formeller sein, bietet sich die Formulierung „It's a pleasure to meet everyone!" an.

2.17 VERWECHSLUNG ‚FUN' MIT ‚FUNNY'

So ähnlich die beiden Wörter auch sein mögen – ‚fun' und ‚funny' haben nicht dieselbe Bedeutung. Sie sollten nicht sagen „The meeting was funny.", wenn Sie Spaß am Treffen hatten. Richtig wäre „The meeting was fun.".

2.18 VERWENDUNG DES BEGRIFFS ‚HOMEOFFICE'

Seit der Pandemie nutzt man in Deutschland häufig den Begriff ‚Homeoffice'. Doch obwohl ‚Homeoffice' Englisch klingt, findet das Wort im englischsprachigen Raum kaum Verwendung. Statt ‚Homeoffice' sagen englischsprachige Personen ‚working from home'. In Großbritannien ist ‚Homeoffice' die Bezeichnung für das britische Innenministerium.

2.19 FLOSKELN IN E-MAILS

E-Mail-Floskeln können verwirrend sein. Das beste Beispiel dafür sind die Formulierungen „I look forward to meet you." und „I'm looking forward meeting you." Beides klingt im Deutschen plausibel, ist aber im Englischen nicht optimal. Die richtige Lösung ist eine Mischung aus den beiden Versionen, nämlich „I'm looking forward to meet you.".

2.20 VERWENDUNG ‚BY' STATT ‚UNTIL'

Die Präposition ‚by' wird bei Handlungen benutzt, die vor oder zu einem bestimmten Zeitpunkt passieren sollen. ‚Until' verwendet man hingegen für Situationen, die bis zu einem gewissen Zeitpunkt andauern. Steht z. B. eine Wochenendschicht an, weil ein Projekt bis Montag fertiggestellt werden muss, wäre die Formulierung „We need to finish this project by Monday." richtig. Für ein Dokument, das bis acht Uhr abends gebraucht wird, könnte die Formulierung der Deadline entweder „I need this document by eight o' clock tomorrow." oder „You have until 8 p.m. tomorrow for the document." lauten.

2.21 UNTERBREITUNG VON VORSCHLÄGEN

Im Geschäftsleben macht man oft Vorschläge. „Here is my proposal." klingt jedoch mehr wie ein Antrag als ein Vertragsangebot. Besser ist „Here is my suggestion." oder bei mehreren Vorschlägen der Satz „Here are some options.".

2.22 NUTZUNG VON ‚ALL'

Natürlich heißt ‚all' auch im Englischen ‚alle', aber eine übermäßige Gebrauch des Worts ist trotzdem verkehrt. Das liegt daran, dass sich ‚all' immer auf eine Gesamtheit bezieht. Aus diesem Grund sind Wörter wie ‚everyone' oder ‚everything' in vielen Situationen besser.

Verwenden Sie ‚everyone', wenn Sie sich ausschließlich auf Menschen beziehen, ohne Ausnahmen.

Beispiel: „Everyone in the room was surprised by the announcement."

Verwenden Sie ‚everything', wenn Sie sich auf alle relevanten Dinge oder Gegenstände beziehen, die in einer Situation berücksichtigt werden müssen.

Beispiel: „He checked everything on the list before leaving the house."

Wenn der Kontext klar ist und Sie sich auf Menschen oder Dinge im Allgemeinen beziehen, können Sie auch ‚all' verwenden.

Beispiel: „All employees must attend the meeting."

2.23 BEENDUNG DER FRAGESÄTZE

Viele Deutsche neigen dazu, Fragesätze mit ‚or' zu beenden und im Grunde ist nichts falsch daran, sich nach einer Aussage zu vergewissern. Allerdings bieten sich andere Wörter oft besser an. Statt bspw. „The weather is nice today, or?" zu sagen, heißt es richtig „The weather is nice today, isn't it?".

2.24 AUSSPRACHEUNTERSCHIEDE ZU ‚A'

Dass die Deutschen das englische ‚a' gern als ‚ä' aussprechen, hat einen guten Grund. Im American English ist es ganz normal, aber auch nicht jederzeit. Es ist bspw. falsch, den ehemaligen Präsidenten Barrack Obama als ‚Bärräck Obäma' auszusprechen. Hier ist ein langgezogenes ‚a' sowohl im American English als auch im British English gängig.

Die Aussprache hängt oft von der Silbenstruktur des Wortes ab. Hier sind einige grundlegende Regeln:

Langer ‚a'-Laut:

Wenn der Buchstabe ‚a' von einem einzelnen Konsonanten und einem ‚e' gefolgt wird, wird er normalerweise lang ausgesprochen.

Beispiel: cake (Kuchen), lake (See), name (Name)

Wenn das Wort mit einem einzelnen Konsonanten gefolgt von einem ‚y' endet, wird der ‚a'-Laut normalerweise lang ausgesprochen.

Beispiel: day (Tag), say (sagen), way (Weg)

In einigen Wörtern, insbesondere in Lehnwörtern aus anderen Sprachen, kann ‚a' lang ausgesprochen werden.

Beispiel: ballet (Ballett), data (Daten), karate (Karate)

Kurzer ‚a'-Laut:

Wenn der Buchstabe ‚a' von einem einzelnen Konsonanten oder einem Doppelkonsonanten gefolgt wird, wird er normalerweise kurz ausgesprochen.

Beispiel: cat (Katze), bat (Fledermaus), apple (Apfel)

Wenn der Buchstabe ‚a' in einer betonten Silbe steht und von zwei Konsonanten gefolgt wird, wird er normalerweise kurz ausgesprochen.

Beispiel: happy (glücklich), basket (Korb), captain (Kapitän)

Es gibt jedoch Ausnahmen und unregelmäßige Wörter, die nicht immer den Regeln folgen. Das Englische hat eine Vielzahl von Wörtern, die auf unterschiedliche Weise ausgesprochen werden, da es von vielen verschiedenen Sprachen beeinflusst wurde.

Am besten ist es, die Aussprache von Wörtern aus dem Kontext zu lernen und sich mit der Zeit mit der englischen Phonologie vertraut zu machen. Hören Sie englische Muttersprachler und üben Sie die Aussprache, um ein besseres Gefühl für die korrekte Artikulation zu entwickeln.

2.25 INFORMATIONEN ÜBER DIE ZUKUNFT

Es wird bei Aussagen über die Zukunft gern ‚going to' oder ‚will' vergessen. Es ist jedoch falsch, „Tomorrow, I drive to a business meeting." zu sagen. Richtig müsste es entweder „I'll be driving to a business meeting tomorrow.", „I'm going to drive to a business meeting tomorrow." oder „I'm driving to a business meeting tomorrow." heißen.

2.26 PERFEKT MIT ‚TO HAVE'

Im Deutschen bilden wir das Perfekt meistens mit dem Hilfsverb ‚haben'. Das kann man jedoch nicht ins Englische übertragen. Wenn Sie bspw. sagen wollen, dass Sie letzte Woche viel geschlafen haben, ist „Last week I have slept a lot." nicht die richtige Formulierung. Stattdessen sollten Sie das Simple Past nutzen und „Last week I slept a lot." sagen.

2.27 GEBRAUCH VON ‚MUCH' ODER ‚MANY'

Ein weiterer Fehler ist die Verwechslung von ‚much' und ‚many'. Die Regel besagt, dass man bei unzählbaren Substantiven ‚much' und bei zählbaren Nomen ‚many' verwendet.

How **much** money did he spend?
Wie viel Geld hat er ausgegeben?

How **much** money will the products cost?
Wie viel Geld werden die Produkte kosten?

How **many** employees were at the meeting?
Wie viele Mitarbeiter waren bei dem Treffen anwesend?

How **many** topics did we discuss yesterday?
Wie viele Themen haben wir gestern besprochen?

2.28 VERWECHSLUNG VON ‚SOME' UND ‚ANY'

Auch bei ‚some' oder ‚any' droht Verwechslungsgefahr. Die Unterscheidung ist einfach, denn ‚some' kommt bei Bitten, Fragen oder positiven Sätzen zum Einsatz und ‚any' bei negativen Aussagen bzw. Verneinungen.

Could you bring me **some** paper?
Könntest du mir ein bisschen Papier bringen?

Would you like **some** water?
Möchtest du etwas Wasser?

I bought **some** pens for you.
Ich habe einige Stifte für dich gekauft.

I don't want to meet **anyone**.
Ich möchte niemanden treffen.

I don't want to go **anywhere**.
Ich möchte nirgendwo hingehen.

I don't want to do **anything**.
Ich möchte nichts machen.

3

FALSE FRIENDS IM BUSINESS-KONTEXT

Niemand mag falsche Freunde. Beim Business Englisch ist das nichts anders. Die sog. ‚false friends' sind Wörter, die ähnlich wie im Deutschen geschrieben werden, aber eine andere Bedeutung haben. Leider gibt es keine speziellen Regeln, um ‚false friends' zu vermeiden. Es hilft nur, Vokabeln zu lernen. In der nachfolgenden Tabelle finden Sie einige der ‚false friends', die im geschäftlichen Kontext relevant sind.

3.1 FALSE FRIENDS (BEISPIELE)

DEUTSCHER BEGRIFF	KORREKTE ÜBERSETZUNG	FALSE FRIEND	ÜBERSETZUNG
aktuell	current	actual	tatsächlich, wirklich
alle Tage	every day	all day	den ganzen Tag
Meinung	opinion	meaning	Bedeutung

DEUTSCHER BEGRIFF	KORREKTE ÜBERSETZUNG	FALSE FRIEND	ÜBERSETZUNG
bekommen	to get/to receive	to become	werden
Orientierung	sense of direction	orientation	Ausrichtung
Notiz	note	to notice	beachten
Rat	advice	rat	Ratte
Fotograf	photographer	photograph	Foto
Annonce/ Anzeige	advertisement	announcement	Ankündigung/ Durchsage
bald	soon	bald	glatzköpfig
Beamer	projector	Beamer	BMW
Billion	trillion	billion	Milliarde
sich blamieren	to disgrace oneself	to blame	beschuldigen
Brand	fire	brand	Marke
Brief	letter	brief	kurz
Büro	bureau/office	biro	Kugelschreiber
Chef	boss	chef	Koch
Daten	data	dates	Verabredungen
dezent	discreet	decent	anständig
engagiert sein	to be committed	to be engaged	verlobt sein
Etikett	label	etiquette	Etikette
eventuell	perhaps	eventually	schließlich
Fehler	mistake	failure	Versagen

DEUTSCHER BEGRIFF	KORREKTE ÜBERSETZUNG	FALSE FRIEND	ÜBERSETZUNG
Flur	corridor	floor	Fußboden
Fund	discovery	fund	Fonds
graziös	graceful	gracious	gnädig
Handy	cellphone	handy	praktisch
Justiz	judiciary	justice	Gerechtigkeit
Kaution	deposit	caution	Vorsicht
Kollege	colleague	college	Hochschule
Konkurrenz	competition	concurrence	Übereinstimmung/ Zustimmung
Konzern	group of companies	concern	Besorgnis
Kritik	criticism	critic	Kritiker
Lack	gloss	lack	Mangel
Lager	warehouse	lager	Lagerbier
Reklamation	complaint	reclamation	Rückgewinnung
reklamieren	to complain	to reclaim	zurückfordern
rentabel	profitable	rentable	mietbar
aufgeben/ resignieren	to give up	to resign	zurücktreten
sensibel	sensitive	sensible	vernünftig
seriös	respectable	serious	ernst
sparen/ speichern/retten	to save	to spare someone	jemanden verschonen
etwas spenden	to donate something	to spend	verbringen

DEUTSCHER BEGRIFF	KORREKTE ÜBERSETZUNG	FALSE FRIEND	ÜBERSETZUNG
Stapel	stack	staple	Heftklammer
Stoff	material	stuff	Sachen
Suite	suite	suit	Anzug
Thema	subject	theme	Motto
überhören	to ignore	to overhear	mithören
weil	because	while	während
Quote	rate	quote	Zitat
Publikum	audience	public	Öffentlichkeit
überprüfen	to check	to prove something	etwas beweisen
Provision	commission	provision	Bereitstellung
Probe	sample	(to) probe	untersuchen, Sonde
prinzipiell	in principle	principal	hauptsächlich, Schulleiter
prägnant	concise	pregnant	schwanger
Personal	staff	personal	persönlich
pathetisch	emotional	pathetic	erbärmlich
ordinär	vulgar	ordinary	gewöhnlich
Notiz	note	to notice	beachten
Note	mark	note	Notiz
Mode	fashion	mode	Modus
Messe	fair	mess	Unordnung

DEUTSCHER BEGRIFF	KORREKTE ÜBERSETZUNG	FALSE FRIEND	ÜBERSETZUNG
Mappe	portfolio	map	Landkarte
Lohn	wage	loan	Darlehen
List	ruse	list	Liste
Lektüre	reading	lecture	Vortrag
Fantasie	imagination	fantasy	Einbildung
fast	almost	fast	schnell
fatal	disastrous	fatal	tödlich
Figur	figure, shape	figures	Zahlen
Formular	form	formula	Formel
Fraktion	parliamentary party	fraction	Bruchteil, Bruchzahl
genial	brilliant	genial	angenehm
Gewinn	profit	gewinnen	to win
jemanden irritieren/ verwirren	to confuse someone	to irritate someone	jemanden reizen

3.2 ÜBUNG 1 - SINGLE CHOICE ZU FALSE FRIENDS

Können Sie die False Friends ausfindig machen und die richtige Antwort finden?

1. Wählen Sie die passende Übersetzung für ‚täglich'.

☐ every day
☐ all day
☐ all days

2. Wählen Sie die passende Übersetzung für ‚aktuell'.

☐ actual
☐ current
☐ actually

3. Wählen Sie die passende Übersetzung für ‚Annonce/Anzeige'.

☐ advertisement
☐ announcement
☐ anounce

4. Wählen Sie die passende Übersetzung für ‚Notiz'.

☐ notice
☐ noter
☐ note

3.3 LÖSUNG – ÜBUNG 1

1. every day
2. current
3. advertisement
4. note

4

ZAHLEN UND ZEITEN

Als internationale Geschäftsperson sollten Sie Zahlen und Zeiten perfekt beherrschen, denn bereits kleinste Missverständnisse können Ihrem Unternehmen großen Schaden zufügen. Stellen Sie sich vor, dass Sie den Preis für ein Produkt falsch verstehen und infolgedessen einen schlechten Handel abschließen. Solche Szenarien lassen sich nicht ausschließen. Daher sind Zahlen und Zeiten eine der Grundvoraussetzungen für gutes Business Englisch.

4.1 GRUND- UND ORDNUNGSZAHLEN

Die Bildung von Ordnungszahlen, auch Ordinalzahlen genannt, ist simpel. An sich müssen Sie nur die Endung ‚th' an die Grundzahl anhängen. So wird z. B. aus ‚six' das Wort ‚sixth', aus ‚seven' das Wort ‚seventh' und aus ‚ten' das Wort ‚tenth'.

Allerdings gibt es unregelmäßige Formen, z. B. bei den Ziffern 1, 2 und 3. Entgegen der Erwartung heißen die Ordnungszahlen ‚first', ‚second' und ‚third' – es gibt also keine Endung mit ‚th'. Dies gilt ebenso in den darauffolgenden Zehnerbereichen ab zwanzig.

Ferner muss erwähnt werden, dass sich bei 5, 8, 9, 12 und Zahlen mit der Endung ‚y' die Schreibweise verändert.

ZAHL	GRUNDZAHL	ORDNUNGSZAHL (ENGLISCH)	ORDNUNGSZAHL (DEUTSCH)
1	one	first	erste
2	two	second	zweite
3	three	third	dritte
4	four	fourth	vierte
5	five	fifth	fünfte
6	six	sixth	sechste
7	seven	seventh	siebte
8	eight	eighth	achte
9	nine	ninth	neunte
10	ten	tenth	zehnte
11	eleven	eleventh	elfte
12	twelve	twelfth	zwölfte
13	thirteen	thirteenth	dreizehnte
14	fourteen	fourteenth	vierzehnte
15	fifteen	fifteenth	fünfzehnte
16	sixteen	sixteenth	sechszehnte

ZAHL	GRUNDZAHL	ORDNUNGSZAHL (ENGLISCH)	ORDNUNGSZAHL (DEUTSCH)
17	seventeen	seventeenth	siebzehnte
18	eighteen	eighteenth	achtzehnte
19	nineteen	nineteenth	neunzehnte
20	twenty	twentieth	zwanzigste
21	twenty-one	twenty-first	einundzwanzigste
22	twenty-two	twenty-second	zweiundzwanzigste
23	twenty-three	twenty-third	dreiundzwanzigste
30	thirty	thirtieth	dreißigste
40	forty	fortieth	vierzigste
50	fifty	fiftieth	fünfzigste
60	sixty	sixtieth	sechzigste
70	seventy	seventieth	siebzigste
80	eighty	eightieth	achtzigste
90	ninety	ninetieth	neunzigste
100	hundred	hundredth	hundertste

Die Zahl 0 heißt in den meisten Fällen auf Englisch ‚zero'.

Ausnahmen:

- Beim Aufzählen von Nummern (z. B. Hotelzimmer, Telefonnummer) wird die Zahl 0 wie der englische Buchstabe ‚o' [ouh] ausgesprochen.
- Im British English werden für die Ziffer 0 die Worte ‚nought' oder ‚nil' verwendet. Ein Spielstand, z. B. 1:0, würde ‚one nil' ausgesprochen.

4.2 BRUCHZAHLEN

Im Grunde unterscheidet sich die englische Verwendung der Bruchzahlen bzw. Brüche nicht besonders von der Benutzung im Deutschen. Für den Zähler des Bruchs werden die Grundzahlen genutzt. Lediglich für den Nenner nimmt man Ordnungszahlen, welche meist im Plural stehen. Die einzige Ausnahme bildet die Ziffer 2, die nicht wie erwartet ‚second' oder ‚seconds' lautet, sondern ‚half' oder ‚halves'. Bei Brüchen mit der Ziffer 1 können Sie ‚a', ‚an' oder ‚one' nutzen. Bei Brüchen mit der Ordnungszahl 4 können Sie sowohl ‚fourths' als auch ‚quarter' verwenden.

BRUCH	ENGLISCH	DEUTSCH
2/3	two thirds	zwei Drittel
2 1/2	two and a halve	zweieinhalb
3/5	three fifths	drei Fünftel
5/7	five sevenths	fünf Siebtel
3/4	three fourths	drei Viertel
6/20	six twentieths	sechs Zwanzigstel
7/35.12	seven over thirty five point one two	sieben durch fünfunddreißig Komma zwölf

4.3 DEZIMALZAHLEN

Im heutigen Geschäftsleben spielen Dezimalzahlen eine zentrale Rolle. Ob es um finanzielle Transaktionen, die Berechnung von Gewinnen und Verlusten oder die Analyse von Marktstatistiken geht – Dezimalzahlen ermöglichen es, präzise Informationen zu erfassen und zu verarbeiten.

Während im Deutschen zur Tausendertrennung ein Punkt, z. B. 123.890 Mitarbeiter*innen, und zur Kennzeichnung von Dezimalzahlen ein Komma, z. B. 45,17 Prozent, verwendet wird, ist es im Englischen umgekehrt. Die Tausendertrennung erfolgt durch ein Komma, z. B. 38,993 Autos, und zur Kennzeichnung der Nachkommastellen wird ein Punkt, z. B. 1.8 Sek., verwendet.

SCHRIFTLICH	MÜNDLICH
0.25	point two five
0.5	point five
0.084	point zero eight four
0.75	point seven five
1.5	one point five
2.457	two point three five seven
3,005.12	three thousand five point one two
€ 10.53	ten euros and fifty-three cents
12.89k	twelve thousand and eighty-nine
5.45 %	five-point four five percent
£ 240.05	two hundred and forty pounds five

4.4 RECHENOPERATIONEN

Natürlich werden Sie bei komplexen Rechnungen Ihren Taschenrechner nutzen. Trotzdem sollten Sie wissen, wie Rechenoperationen im Englischen formuliert werden. Auf diese Weise können Sie bei Gesprächen einfache Rechnungen, z. B. bei Verhandlungen, Erklärungen und Rechenbeispiele anderer Personen verstehen. Ohne entsprechende Kenntnisse werden Sie sich in der Geschäftswelt schwer zurechtfinden.

SCHRIFTLICH	MÜNDLICH
a + b	a plus b
a - b	a minus b
a / b	a divided by b
a * b	a times b
a = b	a equals b
a^b	a to the power of b

4.5 SATZZEICHEN

Bei der Zeichensetzung sind Amerikaner und Briten nicht annähernd so streng wie die Deutschen. Selbst im Geschäftsleben wird nicht allzu penibel auf die Kommasetzung oder vergleichbare Zeichen geachtet. Trotzdem ist es sinnvoll, zumindest die grundlegenden Regeln zu kennen. Dadurch machen Sie bei der schriftlichen Kommunikation einen professionellen Eindruck. Außerdem sollten Sie unbedingt die englischen Übersetzungen für die verschiedenen Interpunktionszeichen kennen.

ZEICHEN	ENGLISCH	DEUTSCH
()	round brackets	runde Klammern
[]	squared brackets	eckige Klammern
{}	curly brackets	geschweifte Klammern

<table>
<tr><th>ZEICHEN</th><th>ENGLISCH</th><th>DEUTSCH</th></tr>
<tr><td>/</td><td>slash</td><td>Schrägstrich</td></tr>
<tr><td>\</td><td>backslash</td><td>umgekehrter Schrägstrich</td></tr>
<tr><td>_</td><td>understrike</td><td>Unterstrich</td></tr>
<tr><td>|</td><td>pipe</td><td>senkrechter Strich</td></tr>
<tr><td>-</td><td>hyphen</td><td>Bindestrich</td></tr>
<tr><td>.</td><td>point, dot</td><td>Punkt</td></tr>
<tr><td>,</td><td>comma</td><td>Komma</td></tr>
<tr><td>;</td><td>semicolon</td><td>Semikolon</td></tr>
<tr><td>:</td><td>colon</td><td>Doppelpunkt</td></tr>
<tr><td>?</td><td>question mark</td><td>Fragezeichen</td></tr>
<tr><td>!</td><td>exclamation mark</td><td>Ausrufzeichen</td></tr>
<tr><td>„"</td><td>quotation mark</td><td>Anführungszeichen</td></tr>
<tr><td>'</td><td>apostrophe</td><td>Apostroph</td></tr>
<tr><td></td><td>space</td><td>Leerzeichen</td></tr>
<tr><td>@</td><td>at sign</td><td>At-Zeichen</td></tr>
<tr><td>#</td><td>number sign</td><td>Raute</td></tr>
<tr><td>~</td><td>tilde</td><td>Tilde</td></tr>
<tr><td>*</td><td>asterisk</td><td>Asterisk/Sternchen</td></tr>
</table>

4.6 JAHRESZAHLEN

Jahreszahlen sind wichtig, wenn über historische Ereignisse gesprochen wird. Sie können allerdings ebenfalls genutzt werden, um über für das Unternehmen ausschlaggebende

Ereignisse in der Vergangenheit zu reden oder Zukunftsprognosen zu treffen.

SCHRIFTLICH	MÜNDLICH
1800	eighteen hundred
1900	nineteen hundred
1959	nineteen fifty-nine / nineteen hundred and fifty-nine
2000	two thousand
2023	twenty twenty-three / two thousand and twenty-three

4.7 DATUMS- UND ZEITANGABEN

Datums- und Zeitangaben sind im Geschäftsleben von großer Bedeutung. Sollten Sie etwas falsch verstehen, könnten Sie ein wichtiges Meeting verpassen. Sie dürfen sich keine Fehler erlauben, damit bei Verabredungen alles glatt läuft, und sollten Monate, Uhrzeiten und Wochentage kennen.

WOCHENTAGE

ENGLISCH	ABKÜRZUNG	DEUTSCH
Monday	Mon	Montag
Tuesday	Tue/Tues	Dienstag
Wednesday	Wed	Mittwoch
Thursday	Thur/Thurs	Donnerstag
Friday	Fri	Freitag
Saturday	Sat	Samstag
Sunday	Sun	Sonntag

MONATE

ENGLISCH	ABKÜRZUNG	DEUTSCH
January	Jan	Januar
February	Feb	Februar
March	Mar	März
April	Apr	April
May	May	Mai
June	Jun	Juni
July	Jul	Juli
August	Aug	August
September	Sept	September
October	Oct	Oktober
November	Nov	November
December	Dec	Dezember

ZEITANGABEN

ENGLISCH	ABKÜRZUNG	DEUTSCH
week	wk	Woche
calendar week	cw	Kalenderwoche
month	mth	Monat
quarter	qtr	Quartal
year	yr	Jahr

4.8 UHRZEITEN

Im Englischen kommt das 24-Stunden-System nur selten zum Einsatz. Es wird bspw. in den Bereichen Militär, Transport und Wissenschaft genutzt. In den meisten anderen Situationen ist das 12-Stunden-System mit ‚a.m.' (ante meridiem) für den Vormittag und ‚p.m.' (post meridiem) für den Nachmittag üblich.

Um Verwechslungen zu vermeiden, gibt es für 0:00 Uhr und 12:00 Uhr eigene Formulierungen. Für 0:00 Uhr sagt man im Englischen ‚midnight', für 12:00 Uhr ‚noon'.

Das Wort ‚minutes' ist bei den Vielfachen von 5 nicht erforderlich. Bei allen anderen Minutenangaben gibt man die exakte Zeit an, z. B. ist 05:05 Uhr ‚five past five' und 08:03 Uhr ‚three minutes past eight'. Auf dieselbe Art und Weise verhält es sich mit allen Uhrzeiten, sowohl bei ‚a.m.' als auch ‚p.m.'.

Besonderheiten sind:

quarter past	Viertelnach
quarter to	Viertel vor
half past	halb ...
o'clock	für volle Stunden

Mehr müssen Sie über die Uhrzeiten im Englischen nicht wissen.

Einige Beispiele zur Verdeutlichung:

ENGLISCH	MÜNDLICH	DEUTSCH
2:45 pm	quarter to three p.m.	14:45 Uhr
3:15 pm	quarter past three p.m.	15:15 Uhr
2:45 am	quarter to three a.m.	02:45 Uhr
3:15 am	quarter past three a.m.	03:15 Uhr
5:30 pm	half past five	17:30 Uhr
5:00 pm	five o'clock p.m.	17:00 Uhr
5:03 am	three minutes past five a.m.	05:03 Uhr
5:05 pm	five past five p.m.	17:05 Uhr
5:35 am	five thirty-five a.m.	05:35 Uhr

5

GESPRÄCHE IM GESCHÄFTSALLTAG

Damit Sie Business Englisch besser verstehen, lesen Sie nachfolgend, wie Gespräche in der Praxis ablaufen können. Die Protagonisten sind Robert Müller von ‚Auto Deutschland' sowie Peter Jones und Michael Smith von ‚Fast Shipments'. Alle Firmen- und Personennamen sind erfunden.

5.1 PERSÖNLICHE VORSTELLUNG

Im Geschäftsleben geht es nicht so lapidar wie im Alltag zu. Daher ist es wichtig, sich korrekt vorzustellen, um einen guten Eindruck zu hinterlassen. Im nachfolgenden Gespräch trifft sich Herr Müller zum ersten Mal mit dem Geschäftsführer Michael Smith. Letzterer nutzt die Chance, um den anwesenden Mitarbeiter Peter Jones vorzustellen.

Mr. Müller:

Good morning/afternoon/ evening!	Guten Morgen/Tag/Abend!

Mr. Smith:

Good morning/afternoon/ evening!	Guten Morgen/Tag/Abend!

Mr. Müller:

Let me introduce myself. I'm Mr. Robert Müller from Auto Deutschland.	Erlauben Sie mir mich vorzustellen. Ich bin Robert Müller von Auto Deutschland.

Mr. Smith:

It's a pleasure to meet you. I'm Mr. Michael Smith from Fast Shipments. I'd like to introduce my worker Peter Jones.	Es ist mir ein Vergnügen, Sie kennenzulernen. Ich bin Michael Smith von Fast Shipments. Ich möchte Ihnen gern meinen Mitarbeiter Peter Jones vorstellen.

Mr. Müller:

It's a pleasure to meet you.	Es ist mir ein Vergnügen, Sie kennenzulernen.

An dieser Stelle soll auf den Satz „Let me introduce myself." eingegangen werden. Hierbei handelt es sich um ein gutes Beispiel für eine Formulierung, die fast ausschließlich in geschäftlichen Situationen verwendet wird. Es ist unüblich, sich im Alltag auf diese Weise vorzustellen. Ein No-Go ist übrigens die Formulierung „My name is ...". In geschäftlichen Situationen wirkt das sehr unprofessionell. Wesentlich besser ist ein schlichtes „I'm ...".

Neben der sprachlichen Kommunikation spielen Gestik und Mimik bei der Vorstellung eine Rolle. In Europa und den USA können Sie mit direktem Augenkontakt und einem festen Händedruck nichts falsch machen. Aber bekanntlich haben andere Länder andere Sitten und Sie sollten sich im Voraus über kulturelle Besonderheiten informieren, bevor Sie auf Geschäftsreise in ein fremdes Land gehen.

5.2 SMALL TALK

Small Talk ist nicht nur im privaten Bereich wichtig, sondern ebenso in der Geschäftswelt. Er ermöglicht es, sein Gegenüber kennenzulernen und Sympathie aufzubauen. Ernste Themen wie Politik oder Religion haben beim Small Talk nichts verloren. Essen, Sport oder Wetter sind hingegen im Geschäftsumfeld bevorzugte Themen.

Mr. Müller:	
How are you?	Wie geht es Ihnen?
Mr. Smith:	
I'm good, thanks. And you?	Mir geht es gut, danke. Und Ihnen?

Mr. Müller:

I'm good too, thanks for asking. The weather is great today.	Mir geht es auch gut, danke. Das Wetter ist schön heute.

Mr. Smith:

Yes, lovely, isn't it? How was your journey?	Ja, schön, nicht wahr? Wie war Ihre Reise?

Mr. Müller:

Everything was great, I can't complain. Are you going to watch the soccer match today?	Alles war großartig, ich kann mich nicht beklagen. Werden Sie sich heute das Fußballspiel ansehen?

Mr. Smith:

Yes, of course. Liverpool is my favorite club after all.	Ja, natürlich. Liverpool ist schließlich mein Lieblingsverein.

Mr. Müller:

I'm really excited, it's definitely going to be a great game.	Ich bin sehr aufgeregt, das wird bestimmt ein tolles Spiel.

Mr. Smith:

No doubts about that! It's already a bit late, maybe we should get down to business now.	Daran besteht kein Zweifel! Es ist schon ein bisschen spät, vielleicht sollten wir zum Geschäftlichen kommen.

Mr. Müller:

Sounds great for me, we can get started.	Das klingt gut für mich, wir können gern beginnen.

Wie Sie sehen können, bemühen sich beide Parteien, das Gespräch möglichst positiv zu gestalten. Herr Müller hätte sich wahrscheinlich auch dann nicht negativ über seine Reise geäußert, wenn er mehrere Stunden im Stau gestanden hätte. Aus gutem Grund beschränkt sich ein Small Talk auf leichte und unverfängliche Themen. Trotzdem gibt es auch hier einige Herausforderungen.

Eine der größten Hürden ist der Übergang zum eigentlichen Geschäft. Herr Smith nutzt hier die Formulierung „It's already a bit late, maybe we should get down to business now.". Eigentlich handelt es sich um eine Aufforderung, aber trotzdem ist der Satz wie ein Vorschlag formuliert. Zudem nennt er einen Grund, wieso der Small Talk beendet werden sollte. Solche oder ähnliche Übergänge sind im Geschäftsleben üblich. Die etwas saloppe Variante „Shall we get started?" bedeutet soviel wie „Sollen wir anfangen?" und ist vor allem dann gängig, wenn sich die Gesprächsparteien bereits kennen.

5.3 EINLADUNG

Einladungen sind in der Geschäftswelt weit verbreitet. So ist es bspw. normal, geschäftliche Angelegenheiten bei einem Essen im Restaurant zu besprechen oder Geschäftspartner*innen zu einem Meeting einzuladen, um ein Produkt vorzustellen. Die Einladung sollte auf höfliche Weise und nur als Vorschlag formuliert werden. Es geht schließlich darum, einen für alle Parteien geeigneten Termin zu finden.

Mr. Müller:

I would like to invite you to a business dinner to discuss the matter. Would Friday be convenient for you?	Ich würde Sie gern zu einem Geschäftsessen (abends) einladen, um die Angelegenheit zu besprechen. Würde Ihnen Freitag passen?

Mr. Smith:

I'm sorry, I won't be in town that day. I'm available next week, though. Monday or Tuesday should be fine.	Es tut mir leid, ich werde an diesem Tag nicht in der Stadt sein. Ich bin aber nächste Woche frei. Montag oder Dienstag sollte es passen.

Mr. Müller:

How about Monday, 7 p.m.? We could go to the new Italian restaurant near the river.	Wie wäre es mit Montag, 19.00 Uhr? Wir könnten in das neue italienische Restaurant in der Nähe des Flusses gehen.

Mr. Smith:

That sounds great! Thank you so much for the invitation, I really appreciate it.	Das klingt großartig! Vielen Dank für die Einladung, ich weiß es wirklich zu schätzen.

Mr. Müller:	
You're welcome. I'm looking forward to our meeting next week.	Bitteschön./Gern geschehen./Nichts zu danken. Ich freue mich auf unser Treffen nächste Woche.

Einladungen zu Geschäftsessen, Meetings oder vergleichbaren Veranstaltungen werden nicht immer mündlich kommuniziert. In den meisten Fällen entscheiden sich Unternehmen ausschließlich oder zusätzlich für eine schriftliche Einladung. Das ist ein weiterer Grund, um sich beim Business Englisch näher mit der schriftlichen Kommunikation zu befassen (vgl. Kap. 7).

5.4 VERABSCHIEDUNG

Nach einem Geschäftsessen, Meeting oder Verhandlungsgespräch verabschiedet man sich. An sich ist das nicht schwer, aber informelle Verabschiedungen wie „Bye bye!" oder „See you later!" sind unangebracht. Noch schlimmer ist ein Ausdruck im Slang. So sollten Sie sich auf keinen Fall mit „Catch you later!", „Cheerio!" oder „I'm out!" verabschieden. Das würde einen extrem unprofessionellen Eindruck erwecken.

Mr. Müller:	
I'm glad we reached an agreement.	Ich bin froh, dass wir eine Einigung erzielt haben.

Mr. Smith:	
I agree with that.	Ich stimme mit Ihnen überein.
Mr. Müller:	
I'll inform the board of management about our plans and come back to you in a few days.	Ich werde den Vorstand über unsere Pläne informieren und in ein paar Tagen auf Sie zurückkommen.
Mr. Smith:	
Sounds great.	Klingt großartig.
Mr. Müller:	
Have a good day/evening/ night Mr. Smith.	Ich wünsche Ihnen einen schönen Tag/Abend/eine gute Nacht, Herr Smith.
Mr. Smith:	
Thank you very much, you too. It was nice meeting you.	Vielen Dank, Ihnen auch. Es war schön, Sie zu treffen.

Die Formulierung „Have a good day/evening/night!" ist formell und sehr flexibel. Diese Verabschiedung kann man an die unterschiedlichsten Situationen anpassen. Wenn man eine*n Geschäftspartner*in zum Abschied einen guten Urlaub wünschen möchte, sagt man „Have a good vacation!".

„It was nice seeing you." oder „It was nice meeting you." bietet sich vor allem nach einem erfolgreichen Treffen an, da man mit beiden Formulierungen Freude zum Ausdruck bringt. Grundsätzlich sind auch „Farewell!" und „Goodbye!" formelle Abschiedsformeln. Das Problem bei diesen beiden Wörtern ist, dass sie meist nur dann genutzt werden, wenn man das Gegenüber wahrscheinlich nie wiedersieht. Sofern es sich nicht gerade um das letzte Treffen handeln sollte, sind sie eher unpassend.

5.5 VERHANDLUNGEN

Die größten Herausforderungen in der Geschäftswelt sind Verhandlungen. Hier treffen zwei oder mehrere Parteien aufeinander, um einen für alle zufriedenstellenden Abschluss zu finden. Das kann ziemlich anstrengend sein und ohne Fachvokabular ist es praktisch unmöglich, professionell zu erscheinen. Ein kompetentes Auftreten ist jedoch eine Grundvoraussetzung, um erfolgreich Verhandlungen zu führen.

Mr. Müller:	
Before we begin, why don't we nail down the main points of the agenda?	Ich schlage vor, dass wir zunächst die wichtigsten Punkte der Tagesordnung festhalten.
Mr. Smith:	
I'm listening, please continue.	Ich bin ganz Ohr, machen Sie bitte weiter.

Mr. Müller:

My primary concern is spare parts for our machines. We regularly need spare parts and are looking for a reliable supplier. Since we order large quantities, we're expecting a good price. Besides that, we would also like someone to deliver car motors to our partners.

Mein Hauptanliegen sind Ersatzteile für unsere Maschinen. Wir benötigen regelmäßig Ersatzteile und suchen nach einem zuverlässigen Lieferanten. Da wir große Mengen bestellen, erwarten wir einen guten Preis. Außerdem möchten wir auch, dass jemand Automotoren an unsere Partner liefert.

Mr. Smith:

Let's focus on the spare parts first. What price range would you like to stay within?

Konzentrieren wir uns zunächst auf die Ersatzteile. In welcher Preisspanne möchten Sie sich bewegen?

Mr. Müller:

For the spare part in this document, I'd like to propose 10,000 euros per piece. We would order at least 20 pieces every three to four months.

Für das Ersatzteil in diesem Dokument möchte ich 10.000 Euro pro Stück vorschlagen. Wir würden alle drei bis vier Monate mindestens 20 Stück bestellen.

Mr. Smith:

I'm afraid that's not a feasible option for me. We usually sell those parts for 15,000 euros each. With all due respect, I must decline your offer.

Ich fürchte, das ist keine realistische Option für mich. Wir verkaufen diese Teile normalerweise für 15.000 Euro pro Stück. Bei allem Respekt, ich muss Ihr Angebot ablehnen.

Mr. Müller:

I'd like to make a suggestion. Would you instead consider 12,000 euros per piece? I mean we would order up to 100 pieces a year, that's a huge amount.

Ich möchte Ihnen einen Vorschlag machen. Würden Sie stattdessen 12.000 Euro pro Stück in Betracht ziehen? Ich denke, wir könnten bis zu 100 Stück pro Jahr bestellen, das ist eine große Menge.

Mr. Smith:

I understand where you're coming from, but that's still not going to work for me. I could offer you 13,000 euros per piece if you would agree to order 25 pieces every three to four months.

Ich verstehe, worauf Sie hinauswollen, aber das wird für mich trotzdem nicht möglich sein. Ich könnte Ihnen 13.000 Euro pro Stück anbieten, wenn Sie sich bereit erklären würden, alle drei bis vier Monate 25 Stück zu bestellen.

Mr. Müller:

That sounds very reasonable to me.	Das klingt für mich sehr vernünftig.

Mr. Smith:

I believe, we've covered everything then.	Ich glaube, damit haben wir alles besprochen.

Wie es sich für eine Geschäftsverhandlung gehört, ist Herr Smith nicht direkt auf das Angebot von Herrn Müller eingegangen. Es gab einige Meinungsverschiedenheiten, aber trotz allem ging es immer sehr höflich zu. Das zeigt sich u. a. an der im Englischen beliebten Höflichkeitsfloskel „With all due respect, I must decline your offer!" Generell gibt es keinen Grund, beim Widersprechen nicht höflich zu bleiben. Alternative Formulierungen wären „I have to disagree with you there." und „That's not exactly how I see it."

Interessant ist ebenso Herrn Müllers Verhandlungseinstieg. Er startet die Verhandlungen mit „Before we begin, why don't we nail down the main points of the agenda?" Durch die Verneinung der Frage wirkt der Vorschlag weit höflicher als eine direkte Aufforderung. Natürlich gibt es auch hier Alternativen. Grundsätzlich ist ein lockeres „Let's start by going over our goals for this meeting." möglich, ohne einen unprofessionellen Eindruck zu erwecken.

5.6 KLÄRUNG EINES STANDPUNKTS

Im Geschäftsleben ist es wichtig, seinen Standpunkt zum Ausdruck zu bringen. Dabei muss es jedoch nicht immer um Verhandlungen zwischen zwei Unternehmen gehen. Es gibt schließlich ebenfalls unternehmensinterne Verhandlungen, z. B. wegen des Gehalts. Im folgenden Dialog sehen wir, wie Herr Jones mit seinem Chef Herrn Smith über ein höheres Gehalt verhandelt.

Mr. Jones:	
Good morning/afternoon/ evening Mr. Smith.	Guten Morgen/Tag/Abend, Herr Smith.
Mr. Smith:	
Good morning/afternoon/ evening Mr. Jones. I heard you're here today to negotiate a pay rise, is that correct?	Guten Morgen/Tag/Abend, Herr Jones. Ich habe gehört, dass Sie heute hier sind, um über eine Gehaltserhöhung zu sprechen, ist das richtig?
Mr. Jones:	
That's correct Mr. Smith.	Das ist richtig, Herr Smith.
Mr. Smith:	
What are your expectations and why should I consider a pay rise?	Welche Erwartungen haben Sie und warum sollte ich eine Gehaltserhöhung in Betracht ziehen?

Mr. Jones:

I've finished all my projects on time and within budget, I've reached all the goals that were set for me and but most importantly I've improved the shipping system. Therefore I'm hoping for some recognition for everything I've mentioned. I'd like to propose a seven to ten percent pay increase.

Ich habe alle meine Projekte pünktlich und innerhalb des Budgets abgeschlossen, ich habe alle Ziele erreicht, die mir gesetzt wurden, und vor allem habe ich das Versandsystem verbessert. Deshalb hoffe ich auf eine gewisse Anerkennung für alles, was ich erwähnt habe. Ich möchte eine sieben- bis zehnprozentige Gehaltserhöhung vorschlagen.

Mr. Smith:

That makes complete sense and I can accept a seven percent pay rise. I can also accept ten percent if you could manage the new processing system.

Das ist absolut sinnvoll und ich kann eine siebenprozentige Gehaltserhöhung akzeptieren. Ich könnte auch zehn Prozent akzeptieren, wenn Sie das neue Verwaltungssystem managen.

Mr. Jones:

That's no problem, I could also manage the new processing system. Thank you very much Mr. Smith!

Das ist kein Problem, ich kann auch das neue Verwaltungssystem managen. Vielen Dank, Herr Smith!

Mr. Smith:

You're welcome! Thank you for your good work.	Bitteschön!/Gern geschehen!/Nichts zu danken! Ich danke Ihnen für Ihre gute Arbeit.

Höflich zu sein bedeutet nicht, dass wir unseren Standpunkt nicht selbstbewusst zum Ausdruck bringen dürfen. Herr Jones zeigt es dadurch, dass er gänzlich auf zurückhaltende Formulierungen wie „Would you maybe consider ..." verzichtet, aber höflich bleibt, indem er Wörter wie ‚want' vermeidet. Stattdessen entscheidet er sich für „I'd like to propose ...". Eine entsprechende Formulierung ist ebenso bei Geschäftsverhandlungen zwischen Unternehmen denkbar.

Wäre Herr Smith nicht auf Herrn Jones' Vorschlag eingegangen, hätte er mit „Do you have any alternative suggestions?" nach alternativen Vorschlägen, mit „How about a bonus for this year?" nach einem Bonus für das Jahr oder mit „Could we think about a few extra vacation days?" nach zusätzlichen Urlaubstagen fragen können.

5.7 ESKALATION UND DEESKALATION

Wie im privaten Leben kommt es auch in der Geschäftswelt zu Problemen. Diese können sich auf unterschiedliche Art und Weise äußern. Nicht selten müssen Mitarbeiter*innen die Beschwerden unzufriedener Kund*innen entgegennehmen. Damit Sie einen Einblick in ein solches Gespräch bekommen, wird nachfolgend ein Beispieldialog zwischen Mr. Jones, Mitarbeiter der imaginären Firma Fast Shipments, und dem Kunden Jürgen Weber präsentiert.

Mr. Jones:

Fast Shipments, Peter Jones speaking, how can I help you?

Fast Shipments, Peter Jones am Apparat, wie kann ich Ihnen helfen?

Mr. Weber:

Good afternoon, this is Jürgen Weber. I'm calling because the delivery I ordered a fortnight ago has not arrived yet. The website stated that the products would arrive within three days. I find this an impertinence and I'm very disappointed.

Guten Tag, hier ist Jürgen Weber. Ich rufe an, weil die Lieferung, die ich vor zwei Wochen bestellt habe, noch nicht angekommen ist. Auf der Website stand, dass die Produkte innerhalb von drei Tagen ankommen würden. Ich finde das eine Unverschämtheit und bin sehr enttäuscht.

Mr. Jones:

I'm very sorry to hear that your order didn't arrive yet. What is the order number, please?

Es tut mir sehr leid zu hören, dass Ihre Bestellung noch nicht angekommen ist. Wie lautet die Bestellnummer, bitte?

Mr. Weber:

I'm not done yet, how is such a huge delay even possible? Did your company buy all those positive reviews?

Ich bin noch nicht fertig. Wie ist eine so große Verzögerung überhaupt möglich? Hat Ihr Unternehmen all diese positiven Bewertungen gekauft?

Mr. Jones:	
I apologize for the inconvenience. I'm doing everything I can to solve this. We'll have this sorted out in no time. Please just tell me the order number, so we can look up what happened.	Ich entschuldige mich für die Unannehmlichkeiten. Ich tue alles, was in meiner Macht steht, um das Problem zu lösen. Wir werden das in kürzester Zeit in Ordnung bringen. Bitte nennen Sie mir einfach die Bestellnummer, damit wir nachsehen können, was passiert ist.
Mr. Weber:	
Fine, let me take a look. The order number was O75B32T66.	Gut, lassen Sie mich einen Blick darauf werfen. Die Bestellnummer war O75B32T66.
Mr. Jones:	
Thank you very much Mr. Weber. I'm looking up the order number right now. Bear with me and we'll find a solution.	Vielen Dank, Herr Weber. Ich suche gerade die Bestellnummer heraus. Haben Sie etwas Geduld und wir werden eine Lösung finden.
Mr. Weber:	
I'm waiting.	Ich warte.
Some minutes later ...	*Einige Minuten später ...*

Mr. Jones:

Alright Mr. Weber are you still here?

Herr Weber, sind Sie noch da?

Mr. Weber:

Yes I'm still here, that took some time.

Ja, ich bin noch da, das hat etwas gedauert.

Mr. Jones:

Thank you very much for your patience. I just checked the order number and found out that the reason for the delay was a supply shortage due to the war. Your order will arrive tomorrow at noon. Because of the inconvenience, our company will give you a 20 % voucher for your next order and a voucher for free shipping. Please let me know if there is anything else I can assist you with.

Ich danke Ihnen sehr für Ihre Geduld. Ich habe gerade die Bestellnummer überprüft und herausgefunden, dass der Grund für die Verzögerung ein kriegsbedingter Lieferengpass war. Ihre Bestellung wird morgen Mittag eintreffen. Wegen der Unannehmlichkeiten wird Ihnen unsere Firma einen Gutschein über 20 % für Ihre nächste Bestellung und einen Gutschein für kostenlosen Versand geben. Bitte lassen Sie mich wissen, ob ich Ihnen sonst noch helfen kann.

Mr. Weber:

Finally a solution I can accept. Thank you for your time Mr. Jones. I'll leave you a positive review.

Endlich eine Lösung, die ich akzeptieren kann. Vielen Dank für Ihre Zeit, Mr. Jones. Ich werde Ihnen eine positive Bewertung hinterlassen.

Mr. Jones:

Thank you very much Mr. Weber! If you need anything else, don't hesitate to call. Speak to you soon.	Herzlichen Dank, Herr Weber! Wenn Sie noch etwas brauchen, zögern Sie nicht anzurufen. Bis demnächst.

Derartige Konflikte sind im Geschäftsleben keine Seltenheit. Daher ist es wichtig, dass Mitarbeiter*innen wissen, wie sie eine Situation richtig deeskalieren. Dasselbe gilt selbstverständlich ebenso für Geschäftsleute, die Partnerschaften mit anderen Unternehmen knüpfen oder anderweitig in der Welt des Business unterwegs sind.

Damit Sie den Dialog noch einmal nachvollziehen können, finden Sie im Anschluss zwei Übungen. Bei der ersten Übung müssen Sie mit ‚true' oder ‚false' antworten. Die zweite Übung ist schwieriger, da Sie vollständige Sätze formulieren müssen. Die Lösungen finden Sie unter den Übungen.

5.7.1 ÜBUNG 2 - TRUE OR FALSE?

STATEMENT	TRUE	FALSE
Mr. Weber was calling because the delivered products were damaged.		
Mr. Jones doesn't understand the problem and asks for clarification.		
Fast Shipments isn't having any problems with supply shortages.		
Although Mr. Weber has a problem, he reacts very calm.		

STATEMENT	TRUE	FALSE
Although Mr. Weber reacts angrily, Mr. Jones stays calm and polite.		
There is no solution for the problem.		
Mr. Weber's products are going to arrive the following day.		
Due to the inconvenience, Mr. Weber receives two vouchers.		
At the start Mr. Weber refuses to give the order number.		
Mr. Weber gets very mad and insults Mr. Jones.		

5.7.2 ÜBUNG 3 – BEANTWORTUNG DER FRAGEN

1. Why is Mr. Weber calling?
2. How does Mr. Jones react when he hears the reason for Mr. Weber's call?
3. How does Mr. Weber react when Mr. Jones asks him for the order number?
4. What tactic is Mr. Jones using to deescalate the situation?
5. What was the reason for the huge delay?
6. How was Mr. Jones able to satisfy Mr. Weber?
7. Did Mr. Jones do a great job as customer service?

5.7.3 LÖSUNG - ÜBUNG 2

AUSSAGE	WAHR	FALSCH
Herr Weber rief an, weil die gelieferten Produkte beschädigt waren.		X
Herr Jones versteht das Problem nicht und bittet um Klärung.		X
Fast Shipments hat keine Probleme mit Lieferengpässen.		X
Obwohl Herr Weber ein Problem hat, reagiert er sehr gelassen.		X
Obwohl Herr Weber wütend reagiert, bleibt Herr Jones ruhig und höflich.	X	
Es gibt keine Lösung für dieses Problem.		X
Die Produkte von Herrn Weber werden am nächsten Tag eintreffen.	X	
Aufgrund der Unannehmlichkeiten erhält Herr Weber zwei Gutscheine.	X	
Zu Beginn weigert sich Herr Weber, die Auftragsnummer zu nennen.	X	
Mr. Weber wird sehr wütend und beleidigt Mr. Jones.		X

5.7.4 LÖSUNG - ÜBUNG 3

FRAGE	ANTWORT
1. Why is Mr. Weber calling?	Mr. Weber is dissatisfied with Fast Shipments. He is angry because he ordered products a fortnight ago and the website stated that they would arrive within three days.
Warum ruft Herr Weber an?	Herr Weber ist unzufrieden mit Fast Shipments. Er ist verärgert, weil er vor zwei Wochen Produkte bestellt hat und auf der Website stand, dass sie innerhalb von drei Tagen ankommen würden.
2. How does Mr. Jones react when he hears the reason for Mr. Weber's call?	Mr. Jones reacts calmly, apologizes and asks Mr. Weber for the order number.
Wie reagiert Herr Jones, als er den Grund für Herrn Webers Anruf erfährt?	Herr Jones reagiert ruhig, entschuldigt sich und fragt Herrn Weber nach der Bestellnummer.

FRAGE	ANTWORT
3. How does Mr. Weber react when Mr. Jones asks him for the order number?	**Mr. Weber reacts angrily. He says that he isn't finished yet and cannot understand why the company has so many good ratings.**
Wie reagiert Herr Weber, als Herr Jones ihn nach der Auftragsnummer fragt?	Herr Weber reagiert wütend. Er sagt, er sei noch nicht fertig mit seinem Anliegen und könne nicht verstehen, warum das Unternehmen so viele gute Bewertungen habe.
4. What tactic is Mr. Jones using to deescalate the situation?	**Instead of responding to Mr. Weber's aggression, Mr. Jones remains calm. He apologizes again and says that he's looking for a solution, but that he needs the order number.**
Welche Taktik wendet Mr. Jones an, um die Situation zu deeskalieren?	Anstatt auf Herrn Webers Aggression zu reagieren, bleibt Herr Jones ruhig. Er entschuldigt sich erneut und sagt, dass er nach einer Lösung suche, aber die Bestellnummer brauche.

FRAGE	ANTWORT
5. What was the reason for the huge delay?	**The delay was related to a supply shortage due to the war.**
Was war der Grund für die große Verzögerung?	Die Verzögerung hing mit einem kriegsbedingten Versorgungsengpass zusammen.
6. How was Mr. Jones able to satisfy Mr. Weber?	**Mr. Jones gave good news and said that the delivery would arrive the next day. Mr. Weber also received two vouchers with discounts.**
Wie konnte Mr. Jones Herrn Weber zufriedenstellen?	Herr Jones teilte gute Neuigkeiten mit und sagte, dass die Lieferung am nächsten Tag eintreffen würde. Herr Weber erhielt außerdem zwei Gutscheine mit Rabatten.
7. Did Mr. Jones do a great job as customer service?	**Although Mr. Weber was very rude, Mr. Jones responded very competently. He did his job well.**
Hat Mr. Jones als Kundenbetreuer einen guten Job gemacht?	Obwohl Herr Weber sehr unhöflich war, reagierte Herr Jones kompetent. Er hat seine Arbeit gut gemacht.

5.8 GESCHÄFTSTREFFEN

In folgendem Beispieldialog geht es um ein Geschäftstreffen zwischen Frau Silke Schmidt und Herrn Jacob Graham. Frau Schmidt ist COO der Firma Auto Deutschland und Herr Graham COO des Unternehmens Fast Shipments. Sie wurden beide von ihren Firmen entsandt, um über die Zukunft der Partnerschaft zu sprechen.

Ms. Schmidt:	
Good morning/afternoon/evening! Let me introduce myself, I'm Ms. Silke Schmidt, COO from Auto Deutschland. It's a pleasure to meet you.	Guten Morgen/Tag/Abend! Darf ich mich vorstellen, ich bin Silke Schmidt, COO von Auto Deutschland. Es ist mir ein Vergnügen, Sie kennenzulernen.
Mr. Graham:	
Good morning/afternoon/evening! It's a pleasure to meet you too. I'm Mr. Jacob Graham, COO from Fast Shipments.	Guten Morgen/Tag/Abend! Es ist auch mir ein Vergnügen, Sie kennenzulernen. Ich bin Jacob Graham, COO von Fast Shipments.
Ms. Schmidt:	
How are you? The weather is great, isn't it?	Wie geht es Ihnen? Das Wetter ist toll, nicht wahr?

Mr. Graham:

I'm great, thanks for asking. I agree with the weather, it's lovely. How are you today?	Mir geht es gut, danke der Nachfrage. Ich stimme Ihnen zu, das Wetter ist herrlich. Wie geht es Ihnen heute?

Ms. Schmidt:

I'm great too, thank you. It's already a bit late, maybe we should get started already?	Mir geht es auch gut, danke. Es ist schon ein bisschen spät, sollten wir vielleicht schon mal anfangen?

Mr. Graham:

Of course, let's get down to business. May I ask what's on the agenda today, please?	Natürlich, kommen wir gleich zum Geschäftlichen. Darf ich fragen, was heute auf der Tagesordnung steht, bitte?

Ms. Schmidt:

Sure, let me just take a look real fast. According to this document we're here to discuss solutions for improving delivery times and adding additional parts to the delivery list.	Sicher, lassen Sie mich nur schnell einen Blick darauf werfen. Laut diesem Dokument sind wir hier, um Lösungen zur Verbesserung der Lieferzeiten und zur Aufnahme zusätzlicher Teile in die Lieferliste zu diskutieren.

Mr. Graham:	
I'm sorry, could you repeat that, please?	Verzeihung, könnten Sie das bitte wiederholen?
Ms. Schmidt:	
No worries, it's all about improving delivery times and adding additional parts to the delivery list.	Keine Sorge, es geht nur darum, die Lieferzeiten zu verbessern und zusätzliche Teile in die Lieferliste aufzunehmen.
Mr. Graham:	
That sounds great! We could offer a faster delivery within the same day, but it would cost approximately 20 % more than what your company currently pays. Would that be okay?	Das klingt großartig! Wir könnten eine schnellere Lieferung am selben Tag anbieten, aber das würde etwa 20 % mehr kosten, als das, was Ihr Unternehmen derzeit zahlt. Wäre das in Ordnung?
Ms. Schmidt:	
What? No that's not possible.	Was? Nein, das ist nicht möglich.
Mr. Graham:	
Excuse me?	Entschuldigung?

Ms. Schmidt:

Sorry Mr. Graham, I can only apologize for this situation. A same day delivery sounds great, however, my company can't afford to pay 20 % more. Since we'll be ordering new parts, perhaps we could think about a 15 % surcharge?

Tut mir leid, Herr Graham, ich möchte mich für diese Situation nur entschuldigen. Eine Lieferung am selben Tag klingt gut, aber mein Unternehmen kann es sich nicht leisten, 20 % mehr zu zahlen. Da wir neue Teile bestellen werden, könnten wir vielleicht einen Aufschlag von 15 % in Erwägung ziehen?

Mr. Graham:

That might be possible. Could I possibly take a look at the amount of parts you're planning to order, please?

Das könnte könnte klappen. Könnte ich bitte einen Blick auf die Menge der Teile werfen, die Sie zu bestellen planen?

Ms. Schmidt:

Of course, here's the document.

Natürlich, hier ist das Dokument.

Mr. Graham:

Thank you very much!

Ganz herzlichen Dank!

Ms. Schmidt:

You're welcome.

Bitteschön.

Mr. Graham:	
I think a 15 % surcharge is possible. I'll have to talk to our CEO Mr. Smith and see what we can do. If we can find an agreement, the new parts will be added to the delivery list shortly.	Ich denke, ein Aufschlag von 15 % ist möglich. Ich werde mit unserem Geschäftsführer Herrn Smith sprechen und sehen, was wir tun können. Wenn wir eine Einigung erzielen können, werden die neuen Teile in Kürze in die Lieferliste aufgenommen.
Ms. Schmidt:	
That sounds great! Thank you very much for your effort.	Das klingt großartig! Recht herzlichen Dank für Ihre Bemühungen.
Mr. Graham:	
You're welcome. Thanks for your faith and trust. Excuse me, I'll make the call.	Gern geschehen. Danke für Ihr Vertrauen. Entschuldigen Sie mich, ich werde den Anruf tätigen.

In diesem Beispieldialog zwischen Frau Schmidt und Herrn Graham wird noch einmal auf die zuvor genannten Kommunikationsregeln eingegangen. Wie es sich für ein Geschäftstreffen gehört, werden alle Fragen höflich formuliert. Sowohl die Modalverben ‚could', ‚would' und ‚may' als auch das Zauberwort ‚please' werden verwendet. So fragt Herr Graham bspw. höflich „May I ask what›s on the agenda today, please?"

Trotz all dieser Höflichkeit kommt es kurz zu einer unangenehmen Situation. Frau Schmidt findet den von Herrn

Graham vorgeschlagenen Preis viel zu hoch, weswegen sie salopp mit „What? No that's not possible." antwortet. Eine solche Formulierung ist bei einem geschäftlichen Treffen ein No-Go, was ihr im selben Moment bewusst wird. Aus diesem Grund entschuldigt sie sich augenblicklich mit „Sorry Mr. Graham, I can only apologize for this situation." Kurz darauf verneint sie den Vorschlag höflich mit ‚however' und macht einen Gegenvorschlag.

Bereits bei der Vorstellung zeigt sich, dass beide Parteien professionell auftreten. Sie haben das Ziel ihrer Unternehmen im Blick und versuchen einen für alle zufriedenstellenden Kompromiss zu finden.

Es folgen drei Übungen. Bei Übung A müssen Sie mit ‚true' oder ‚false' antworten. Übung B verlangt wie Übung C eine Antwort in vollständigen Sätzen, wobei Übung C in die Tiefe geht.

5.8.1 ÜBUNG 4 - TRUE OR FALSE?

STATEMENT	TRUE	FALSE
1. The meeting is about renewing the contract between both companies.		
2. Mr. Graham is the CEO of Fast Shipments.		
3. Both parties value politeness.		
4. Mr. Graham initially asks for a 20 % surcharge for faster delivery times.		
5. Ms. Schmidt agrees to the initial offer of Mr. Graham.		
6. Ms. Schmidt checks the agenda on her smartphone.		

STATEMENT	TRUE	FALSE
7. Mr. Smith is present at the meeting.		
8. Auto Deutschland is aiming for faster delivery times.		
9. Faster Shipments is open to deliver more parts.		
10. Mr. Graham suddenly ends the meeting.		

5.8.2 ÜBUNG 5 - FRAGEN UND ANTWORTEN

1. What is on the meeting agenda?
2. Why was Mr. Graham slightly upset with Ms. Schmidt?
3. How did Ms. Schmidt deescalate the situation?
4. What did Ms. Schmidt and Mr. Graham agree on?
5. How did the meeting end?

5.8.3 ÜBUNG 6 - FRAGEN MIT AUSFÜHRLICHEN ANTWORTEN

1. How can you see that both business partners treat each other politely?
2. Is the meeting in American English or British English?

5.8.4 LÖSUNG - ÜBUNG 4

1. false
2. false
3. true
4. true
5. false

6. false
7. false
8. true
9. true
10. false

5.8.5 LÖSUNG - ÜBUNG 5

FRAGE	ANTWORT
1. What is on the meeting agenda?	The meeting is about improving delivery times and adding additional parts to the delivery list.
Was steht auf der Tagesordnung des Treffens?	Bei dem Treffen geht es um die Verbesserung der Lieferzeiten und die Aufnahme weiterer Teile in die Lieferliste.
2. Why was Mr. Graham slightly upset with Ms. Schmidt?	Ms. Schmidt reacts with „What? No that's not possible." Such a reaction is inappropriate in business situations.
Warum war Herr Graham etwas verärgert über Frau Schmidt?	Frau Schmidt reagiert mit „Was? Nein, das ist nicht möglich." Eine solche Reaktion ist in geschäftlichen Situationen unangebracht.
3. How did Ms. Schmidt deescalate the situation?	Ms. Schmidt apologizes to Mr. Graham. After that, she takes the opportunity to make a counteroffer.

FRAGE	ANTWORT
Wie hat Frau Schmidt die Situation deeskaliert?	Frau Schmidt entschuldigt sich bei Herrn Graham. Danach nutzt sie die Gelegenheit, um ein Gegenangebot zu machen.
4. What did Ms. Schmidt and Mr. Graham agree on?	**Both parties consider a same-day delivery for a 15 % surcharge, but Mr. Graham can't take the decision by himself. Therefore he has to call the CEO Mr. Smith.**
Worüber waren sich Frau Schmidt und Herr Graham einig?	Beide Parteien erwägen eine Lieferung am selben Tag gegen einen Aufschlag von 15 %, aber Herr Graham kann die Entscheidung nicht allein treffen. Deshalb muss er den Geschäftsführer Herrn Smith anrufen.
5. How did the meeting end?	**Technically the meeting isn't over yet. Mr. Graham is calling the CEO Mr. Smith and Mrs. Schmidt is waiting for his answer.**
Wie endete das Treffen?	Strenggenommen ist das Treffen noch nicht zu Ende. Herr Graham ruft den Geschäftsführer Herrn Smith an und Frau Schmidt wartet auf seine Antwort.

5.8.6 LÖSUNG - ÜBUNG 6

FRAGE	ANTWORT
1. How can you see that both business partners treat each other politely?	One of the striking things is the way both business partners ask questions. They never ask directly. Instead, they use words like ‚could', ‚would' and ‚may'. They also use ‚please' often and instantly apologize if something is wrong.
Woran erkennt man, dass beide Geschäftspartner höflich miteinander umgehen?	Auffallend ist die Art und Weise, wie beide Geschäftspartner Fragen stellen. Sie fragen nie direkt. Stattdessen verwenden sie Wörter wie ‚können', ‚würden' und ‚dürfen'. Sie sagen auch oft ‚bitte' und entschuldigen sich sofort, wenn etwas nicht in Ordnung ist.
2. Is the dialogue text in American English or British English?	The conversation is in American English, as Ms. Smith apologizes to Mr Graham with "I can only apologize for this situation." In British English, the phrase would be " I can only apologise for this situation". It's the same as with the words ‚criticize' [AE] and ‚criticise' [BE].

FRAGE	ANTWORT
Erfolgte der Dialogtext in amerikanischem Englisch oder britischem Englisch?	Das Gespräch wurde in amerikanischem Englisch geführt, denn Frau Smith entschuldigt sich bei Herrn Graham mit „I can only apologize for this situation." Im britischen Englisch würde der Satz „I can only apologise for this situation." lauten. Es ist dasselbe wie mit den Wörtern ‚criticize' [AE] und ‚criticise' [BE].

5.9 VOKABELN FÜR GESCHÄFTSGESPRÄCHE

Die nachfolgenden Vokabeln werden Ihnen helfen, Ihre Botschaft klar und präzise zu vermitteln. Von den grundlegenden Begriffen bis hin zu spezifischen Fachausdrücken deckt diese Liste eine Vielzahl an Wörtern ab, denen Sie in Ihrem geschäftlichen Alltag begegnen können.

ENGLISCH	DEUTSCH
a fortnight ago	vor vierzehn Tagen/vor zwei Wochen
agenda	Tagesordnung
approximately	etwa/ungefähr
be able	fähig/imstande sein
be authorized	befugt sein/berechtigt sein
be available	zur Verfügung stehen/Zeit haben

	DEUTSCH
be in town	in der Stadt sein
bear with me	haben Sie Geduld/üben Sie Nachsicht mit mir
board of management	Vorstand
business lunch/dinner	Geschäftsessen (mittags/abends)
could	kann/konnte/könnte
counteroffer	Gegenangebot
cover something	etwas abdecken
decline something	etwas ablehnen
delay	Verzögerung
delivery list	Lieferliste
delivery times	Lieferzeiten
feasible	durchführbar/realisierbar
free shipping	kostenloser Versand
get down to business	zum Geschäftlichen übergehen
impertinence	Frechheit/Unverschämtheit
initial offer	erstes Angebot
introduce someone	jemanden vorstellen
invitation	Einladung
It was nice meeting you.	Es war schön, Sie kennenzulernen.
It's a pleasure.	Es ist ein Vergnügen.
large quantities	große Mengen/Stückzahlen
Let me introduce myself.	Erlauben Sie mir, mich vorzustellen.

ENGLISCH	DEUTSCH
look forward to something	sich auf etwas freuen
make a call	einen Anruf tätigen
make a suggestion	einen Vorschlag machen
may	dürfen
maybe we should	vielleicht könnten/sollten wir
nail down something	etwas festhalten
negotiate	verhandeln
neither	auch nicht/weder
never	nie/nicht/niemals
none	kein/keine/keins
not	nicht
nothing	nichts
order number	Bestellnummer
pass something	etwas übergeben/weitergeben
pay rise	Gehaltserhöhung
price range	Preisspanne
primary concern	wichtigstes Anliegen/ Hauptanliegen
propose something	etwas vorschlagen
reach an agreement	eine Einigung erzielen
reasonable	angemessen/vernünftig
repeat something	etwas wiederholen
review	Bewertung/Rezension

ENGLISCH	DEUTSCH
same day delivery	Lieferung am selben Tag
shipping system	Versandverfahren/Versandsystem
spare parts	Ersatzteile
state something	etwas angeben
striking things	auffällige/bemerkenswerte Dinge
supplier	Anbieter/Lieferant
supply shortage	Lieferengpass
surcharge	Aufschlag
treat someone politely	jemanden höflich behandeln
voucher	Gutschein

6

TELEFONATE IM GESCHÄFTSLEBEN

Gerade in der heutigen Zeit kommt man im Geschäftsleben nicht um Telefonate herum. So ist bspw. das Telefonieren über Messaging-Dienste wie WhatsApp eine gängige Praxis. Auf internationaler Ebene wird vor allem Englisch gesprochen.

Es folgen englische Phrasen, die bei allen Arten von geschäftlichen Telefonaten genutzt werden können. Zur besseren Verständlichkeit wurde eine Unterteilung für unterschiedliche Situationen vorgenommen.

6.1 BEGRÜẞUNG

ENTGEGENNAHME EINES ANRUFS	
(your company) (your name) speaking, how can I help you?	(Ihre Firma), hier spricht (Ihr Name), wie kann ich Ihnen helfen?
Hello/Good Morning/ afternoon/evening, (your name) speaking.	Hallo/Guten Morgen/ Tag/Abend, (Ihr name) am Apparat.
Good morning/afternoon/ evening, this is (your name) from (your company).	Guten Morgen/Tag/Abend, hier ist (Ihr Name) von (Ihre Firma).

6.2 ANLIEGEN

ANLIEGEN ERFRAGEN	
Who would you like to speak to?	Mit wem möchten Sie sprechen?
How may I assist you?	Wie kann ich Ihnen behilflich sein?
May I ask the purpose of your call, please?	Könnte ich bitte den Grund für Ihren Anruf erfahren?
Could I speak to (person you want to talk to) please?	Könnte ich bitte mit (Person, mit der Sie reden möchten) sprechen?

ANLIEGEN MITTEILEN	
I'm calling about (reason for the call).	Ich rufe wegen (Grund des Anrufs) an.

6.3 NACHFRAGEN UND VERSTÄNDIGUNGSPROBLEME

NACHFRAGEN	
Could you spell that please?	Könnten Sie das bitte buchstabieren?
I'm sorry, could you repeat that please?	Entschuldigung, könnten Sie das bitte wiederholen?
Could you please speak a little slower?	Könnten Sie bitte etwas langsamer reden?
Could you please repeat your name/the name of the company?	Könnten Sie bitte Ihren Namen/den Namen der Firma wiederholen?
Sorry?	Wie bitte?

VERBINDUNGSPROBLEME	
The line is bad.	Die Verbindung ist schlecht.
I can hardly hear you.	Ich kann Sie kaum verstehen.

6.4 WEITERLEITUNG, RÜCKRUF UND GESPRÄCHSENDE

WEITERLEITUNG

I'll just put you on hold, a moment please.	Ich stelle Sie durch, warten Sie bitte kurz.
One moment please, I'll connect you.	Einen Augenblick bitte, ich stelle Sie durch.
I'm afraid the line is engaged.	Ich fürchte, die Leitung ist belegt.
Could you please connect me with (person)/(department)?	Könnten Sie mich bitte mit (Person)/(Abteilung) verbinden?

RÜCKRUF

When is a good time to call?	Wann ist ein guter Zeitpunkt für einen Anruf?
Could I call you back later?	Kann ich Sie später zurückrufen?

GESPRÄCHSENDE

Please give my regards to (person).	Bitte richten Sie (Person) Grüße aus.
Thank you very much for your help.	Recht herzlichen Dank für Ihre Hilfe.
Thank you for your time.	Danke für Ihre Zeit.
I appreciate your guidance.	Ich danke für Ihre Hilfe.
Thank you for calling.	Danke für Ihren Anruf.

6.5 BEISPIELTELEFONAT AUF ENGLISCH

Im Folgenden sehen Sie, wie ein Telefonat im Geschäftsleben ablaufen kann. Herr Müller von der Firma Auto Deutschland ruft wegen einer Lieferung bei der Firma Fast Shipments an. Er möchte mit dem Geschäftsführer Herrn Smith über eine Angelegenheit sprechen.

Mr. Jones:	
Fast Shipments, Mr. Peter Jones speaking, how can I help you?	Fast Shipments, Hr. Peter Jones am Apparat, wie kann ich Ihnen helfen?
Mr. Müller:	
Good afternoon, this is Mr. Robert Müller from Auto Deutschland.	Guten Tag, hier spricht Hr. Robert Müller von Auto Deutschland.
Mr. Jones:	
May I ask the purpose of your call, please?	Darf ich bitte nach dem Grund Ihres Anrufs fragen?
Mr. Müller:	
I'm calling because of a shipment to our company. Could I speak to Mr. Smith please?	Ich rufe wegen einer Lieferung an unser Unternehmen an. Könnte ich bitte mit Herrn Smith sprechen?
Mr. Jones:	
One moment please, I'll connect you.	Einen Moment bitte, ich verbinde Sie.

Mr. Müller:

Thank you.	Dankeschön.

Mr. Jones:

I'm afraid the line is engaged.	Ich befürchte, dass die Leitung besetzt ist.

Mr. Müller:

When is a good time to call?	Wann ist ein guter Zeitpunkt für einen Anruf?

Mr. Jones:

Please try again in 30 minutes please.	Bitte versuchen Sie es in 30 Minuten noch einmal.

Mr. Müller:

Please give my regards to Mr. Smith. I'll call later. Thank you very much for your help.	Bitte grüßen Sie Herrn Smith von mir. Ich rufe später an. Vielen Dank für Ihre Hilfe.

Mr. Jones:

You're welcome. Thank you for calling.	Gern geschehen. Vielen Dank für den Anruf.

6.6 DOS AND DON'TS BEI TELEFONATEN

DOS	DON'TS
BEGRÜßUNG Beginnen Sie das Gespräch mit einer freundlichen und professionellen Begrüßung, z. B. „Good morning/afternoon, this is (Ihr Name) speaking."	PAUSEN Achten Sie darauf, nicht zu lange ohne Unterbrechungen zu sprechen. Geben Sie Ihrem*r Gesprächspartner*in die Möglichkeit, zu antworten oder Fragen zu stellen. Es ist wichtig, eine ausgewogene Kommunikation aufrechtzuerhalten.
DEUTLICHKEIT Sprechen Sie langsam und deutlich, um sicherzustellen, dass Ihr*e Gesprächspartner*in Sie gut versteht. Verwenden Sie kurze und prägnante Sätze, um Missverständnisse zu reduzieren.	INFORMELLE SPRACHE Informelle Ausdrücke sind ungeeignet, um ein professionelles und höfliches Gesprächsumfeld aufrechtzuerhalten. Verwenden Sie stattdessen formelle Ausdrücke und angemessene Höflichkeitsformeln.
FRAGESTELLUNG Zögern Sie nicht, Fragen zu stellen, um Unklarheiten zu beseitigen oder weitere Informationen zu erhalten. Dies zeigt Ihr Interesse und Ihre Bereitschaft, zu verstehen oder zu helfen.	HINTERGRUNDGERÄUSCHE Versuchen Sie, Telefonate an einem ruhigen Ort zu führen, um störende Hintergrundgeräusche zu minimieren. Lärm kann die Verständlichkeit beeinträchtigen und die Kommunikation erschweren.

DOS

NOTIZEN
Machen Sie während des Gesprächs Notizen, um wichtige Informationen festzuhalten. Dies hilft Ihnen, später auf das Gespräch Bezug zu nehmen und keine wichtigen Details zu vergessen.

BESTÄTIGUNG WICHTIGER INFORMATIONEN
Stellen Sie sicher, dass Sie wichtige Informationen wie Termine, Adressen oder Referenznummern deutlich bestätigen, um Fehler zu vermeiden.

VERABSCHIEDUNG
Beenden Sie das Gespräch mit einer höflichen Verabschiedung, wie z. B. „Thank you for your time." („Vielen Dank für Ihre Zeit.") oder „Have a great day!" („Ich wünsche Ihnen einen schönen Tag!").

DON'TS

KLARHEIT UND PRÄZISION
Vermeiden Sie vage Ausdrücke oder unklare Informationen. Stellen Sie sicher, dass Sie Ihre Gedanken präzise und verständlich ausdrücken, um Missverständnisse zu entgehen.

MULTITASKING
Während des Telefonats sollten Sie nicht abgelenkt sein oder andere Aufgaben erledigen. Konzentrieren Sie sich auf das Gespräch und zeigen Sie Ihrem*r Gesprächspartner*in, dass Sie aufmerksam sind.

HÖFLICHKEIT
Seien Sie stets höflich und respektvoll gegenüber Ihrem*r Gesprächspartner*in. Umgehen Sie unhöfliche oder aggressive Ausdrücke, auch wenn es zu Meinungsverschiedenheiten kommt.

6.7 INTERNATIONALES BUCHSTABIERALPHABET

In internationalen Kommunikationssituationen, in denen Menschen unterschiedliche Muttersprachen haben, kann das internationale Alphabet als gemeinsame Grundlage dienen. Es ermöglicht eine einheitliche Buchstabierung unabhängig der Sprache und erleichtert die Verständigung. Des Weiteren dient es zur Vermeidung von Verwechslungen. Insbesondere bei ähnlich klingenden Buchstaben wie ‚b' und ‚d' oder ‚m' und ‚n' kann das Buchstabieren mit dem internationalen Alphabet die Genauigkeit der übermittelten Informationen verbessern.

TIPP FÜR REGELMÄẞIGE ENGLISCHE TELEFONATE

Halten Sie eine Liste des sog. NATO-Alphabets, z. B. auf dem PC in einer Datei, griffbereit, damit Sie im Ernstfall schnell handeln können.

BUCHSTABE	SCHLÜSSELWORT
A	Alpha
B	Bravo
C	Charlie
D	Delta
E	Echo
F	Foxtrot
G	Golf
H	Hotel
I	India

BUCHSTABE	SCHLÜSSELWORT
J	Juliett
K	Kilo
L	Lima
M	Mike
N	November
O	Oscar
P	Papa
Q	Quebec
R	Romeo
S	Sierra
T	Tango
U	Uniform
V	Victor
W	Whiskey
X	X-Ray
Y	Yankee
Z	Zulu

6.8 ÜBUNG 7 – PHRASENVERBINDUNGEN

Verbinden Sie die Verben mit dem passenden Nomen.

1) to confirm	a) an agreement
2) to shut down	b) a job
3) to apply for	c) an employee
4) to put someone	d) an order
5) to reach	e) the salary
6) to propose	f) on hold
7) to negotiate	g) a company
8) to attend	h) an offer
9) to introduce	i) a presentation

6.9 ÜBUNG 8 – PASSENDE ANTWORTEN (MULTIPLE CHOICE)

In dieser Übung geht es um ein Telefongespräch. Finden Sie die passenden Antworten.

1. Could you put me through to Mr. Jones, please?

a) Yes, please hold the line.
b) You have to wait.
c) No, just wait a second.

d) Just hold the line.
e) Of course, you must wait.
f) One moment please, I'll connect you.

2. Could you spell that please?

a) Yes, the name is Smith.
b) Yes, the name is S M I T H.
c) How do I spell?
d) I don't understand your question.
e) Yes, please hold the line.
f) Excuse me Sir, I'll ask the manager.

3. Why can't I hear you?

a) Speak louder, please.
b) Your English is bad.
c) Excuse me, the line is bad.
d) I'm sorry, but there seems to be some interferences on the line.
e) I'm sorry, but the line is really poor.
f) Should I talk louder?

4. When is a good time to call?

a) I don't know.
b) I'll check his schedule. Just give me a moment, please.
c) Just try again in 30 minutes, please.
d) Just try anytime you want.
e) There's no good time.
f) I can't help you with that.

5. Could you tell me your name, please?

a) My name is Mr. Müller.
b) I'm Mr. Robert.
c) My name is Mr. Robert Müller.

d) They call me Müller.
e) This is Mr. Robert Müller.
f) I'm Mr. Robert Müller.

6. What does it concern, please?

a) I'm calling because of a shipment to our company.
b) What's a concern?
c) I would like to speak to Mr. Smith, please.
d) Did the shipment arrive?
e) It's about the shipment.
f) I'm not sure what you're talking about.

6.10 LÖSUNG – ÜBUNG 7

1. d
2. g
3. b
4. f
5. a
6. h
7. e
8. i
9. c

6.11 LÖSUNG – ÜBUNG 8

1. a, f
2. b
3. c, d, e
4. b, c
5. e, f
6. a, c

6.12 VOKABELN FÜR GESCHÄFTSTELEFONATE

Ob Sie Kundengespräche führen, Geschäftspartner*innen kontaktieren oder interne Angelegenheiten klären – das richtige Vokabular spielt eine entscheidende Rolle, um Ihre Botschaft klar und professionell zu vermitteln. In diesem Kapitel finden Sie eine Vielzahl an Vokabeln und Ausdrücken, die Ihnen dabei helfen, Ihre Telefonate effektiver zu gestalten.

ENGLISCH	DEUTSCH
busy	besetzt
call back	zurückrufen
cancel	absagen, stornieren
conference call	Telefonkonferenz
connect someone	jemanden verbinden
department	Abteilung
dial	wählen
dial the wrong number	sich verwählen
engaged	besetzt
extension (number)	Durchwahl
hang up	auflegen
hold	warten
line	Telefonleitung
mobile phone/cellphone	Handy
on the landline	auf dem Festnetz
purpose	Absicht/Anliegen/Zweck

ENGLISCH	DEUTSCH
put someone on hold	jemanden in die Warteschleife stellen
put someone through	jemanden durchstellen
receiver	Empfänger
receptionist	Empfangsmitarbeiter
redial	erneut wählen
regards	Grüße
repeat	wiederholen
shipment	Lieferung
to spell	buchstabieren
You're welcome!	Bitteschön!

7

SCHRIFTLICHE KOMMUNIKATION IM GESCHÄFTSLEBEN

In internationalen Unternehmen werden Sie immer wieder mit Briefen und Mails auf Englisch zu tun haben. Da die schriftliche Kommunikation im Geschäftsleben eine große Rolle spielt, sind Kenntnisse in Business Englisch sehr hilfreich. Ein Musterbrief hat nachfolgenden Aufbau.

7.1 BRIEFSTRUKTUR BEI E-MAILS UND GESCHÄFTSSCHREIBEN

Bei der schriftlichen Kommunikation gibt es einige Tipps, auf die Sie unbedingt achten sollten. Die meisten davon sind sowohl bei E-Mails als auch Geschäftsbriefen von Relevanz.

7.1.1 ANREDE

Eine Anrede gehört grundsätzlich zu jedem Schreiben. Entscheiden Sie sich für eine angemessene Anrede wie ‚Dear

[Name]' oder ‚Dear Sir or Madam' [Name der Person nicht bekannt].

7.1.2 VERABSCHIEDUNG

Eine angemessene Verabschiedung ist genauso wichtig wie eine höfliche Anrede. Bei einer E-Mail bietet sich eine Formulierung wie ‚With best regards' an. Bei einem Geschäftsbrief sind ‚Yours faithfully' und ‚Yours sincerely' gute Optionen. Ans Ende einer geschäftlichen E-Mail kommt außerdem eine Signatur mit Stellenbezeichnung und Unternehmen.

7.1.3 AUSDRUCK DER ANERKENNUNG UND DANKBARKEIT

Zeigen Sie dem*r Empfänger*in, dass Sie seine*ihre Bemühungen schätzen. Ein Ausdruck der Anerkennung und Dankbarkeit ist bei der geschäftlichen Kommunikation gern gesehen.

AUSDRUCK VON ANERKENNUNG	
I wanted to express my heartfelt appreciation for all the hard work you put into completing the project ahead of schedule.	Ich möchte Ihnen meine herzliche Anerkennung für die harte Arbeit aussprechen, die Sie in die vorzeitige Fertigstellung des Projekts gesteckt haben.
I am grateful for your thoughtful suggestions during the meeting yesterday.	Ich bin dankbar für Ihre durchdachten Vorschläge während des gestrigen Treffens.

AUSDRUCK VON ANERKENNUNG	
I want to express my appreciation for your exceptional performance this quarter. Your consistent high-quality work has had a significant impact on our team's success, and I'm grateful to have you as a valuable member of our department.	Ich möchte meine Wertschätzung für Ihre außergewöhnliche Leistung in diesem Quartal zum Ausdruck bringen. Ihre stets qualitativ hochwertige Arbeit hat maßgeblich zum Erfolg unseres Teams beigetragen und ich bin dankbar, Sie als wertvolles Mitglied unserer Abteilung zu haben.
I wanted to take a moment to recognize your excellent teamwork and collaboration during the recent project. Your ability to communicate effectively and work seamlessly with others was crucial in achieving our objectives.	Ich wollte mir einen Moment Zeit nehmen, um Ihre hervorragende Teamarbeit und Zusammenarbeit während des jüngsten Projekts zu würdigen. Ihre Fähigkeit, effektiv zu kommunizieren und nahtlos mit anderen zusammenzuarbeiten, war entscheidend für das Erreichen unserer Ziele.

7.1.4 HINWEIS AUF ANHANG

Bei einer E-Mail sollten Sie alle erforderlichen Dokumente als Anhang beifügen. In einem Brief können Sie sie im selben Umschlag versenden. In beiden Fällen reicht ein Hinweis auf die Anlagen.

ANHANG-HINWEIS	
I have enclosed [Attachment name] for your review.	Ich habe [Anlagenbezeichnung] zu Ihrer Überprüfung beigefügt.
Attached herewith are the following documents: [Attachment name].	Anbei finden Sie die folgenden Dokumente: [Anlagenbezeichnungen].
Kindly review the attached [Attachment name], which contains detailed data on the matter.	Bitte prüfen Sie die beigefügte [Anlagenbezeichnung], die detaillierte Daten zum Thema enthält.

7.1.5 EINWANDFREIE GRAMMATIK UND RECHTSCHREIBUNG

Fehler in Grammatik und Rechtschreibung sind ein No-Go. Der*Die Empfänger*in könnte davon ausgehen, dass Sie sich nicht die Mühe gemacht haben, die E-Mail oder den Geschäftsbrief Korrektur zu lesen. Generell gelten Grammatik- und Rechtschreibfehler als Zeichen für mangelnde Professionalität.

7.1.6 HÖFLICHE AUSDRUCKSWEISE

Unabhängig von der Kommunikationsform wird Höflichkeit erwartet. Verwenden Sie ausschließlich respektvolle Ausdrucksweisen. Umgangssprachliche Formulierungen kommen höchstens infrage, wenn Sie den*die Ansprechpartner*in persönlich kennen und eine gute Beziehung haben.

7.1.7 KURZE, BÜNDIGE BETREFFZEILE

Das Thema der E-Mail sollte aus der Betreffzeile ersichtlich sein. Entscheiden Sie sich für eine knappe, aussagekräftige Formulierung. Auf keinen Fall sollten Sie den Betreff vergessen, denn das erweckt einen unseriösen Eindruck.

7.1.8 PRÄGNANTE SÄTZE

In der geschäftlichen Kommunikation, sei es in E-Mails oder Geschäftsbriefen, sind prägnante Sätze von entscheidender Bedeutung. Sie ermöglichen Zeitersparnis für die Empfänger, fördern Klarheit der Botschaft, verleihen Professionalität, betonen Hauptpunkte, verbessern Lesbarkeit und sind auch für die mobile Nutzung geeignet. Zusammenfassend tragen prägnante Sätze dazu bei, die Effektivität, Klarheit und Professionalität der geschäftlichen Kommunikation zu steigern.

7.2 GESCHÄFTSBRIEF (BEISPIEL)

Sender	*Absender*
Company Name	*Name des Unternehmens*
Address	*Straße*
Postcode City	*Postleitzahl Stadt*
Dec 2, 2023	*Datum*
Recipient	*Empfänger*
Ms/Mr First Name Last Name	*Frau/Herr Vorname Nachname*
Company Name	*Name des Unternehmens*
(Position)	
Address	*Straße*
City Postcode	*Postleitzahl Ort*
Ref: Reference Number/Topic	*Referenznummer/Betreff*

Dear Ms/Mr Last Name
Sehr geehrte(r) Frau/Herr Nachname,

We are writing to you regarding your order placed on February 1st 2023. According to our records we still need further information to process your shipment. Could you possibly attach a file of the machine numbers you need the spare parts for? We apologize for the inconvenience. As soon as we receive the file, we will process your order immediately.
wir schreiben Ihnen bezüglich Ihrer Bestellung vom 1. Februar 2023. Laut unseren Unterlagen benötigen wir noch weitere Informationen, um ihre Sendung zu bearbeiten. Könnten Sie vielleicht eine Datei mit den Maschinennummern anhängen, für die Sie die Ersatzteile benötigen? Wir entschuldigen uns für die Unannehmlichkeiten. Sobald wir die Datei erhalten, werden wir Ihre Bestellung sofort bearbeiten.

We thank you in advance for your cooperation and placing your trust in us.
Wir bedanken uns im Voraus für die Zusammenarbeit und Ihr Vertrauen in uns.

Yours sincerely,
Mit freundlichen Grüßen

Signature
Unterschrift

First Name Last Name
Vorname Nachname

Diese Art der Geschäftsbriefe, Faxe oder Mails sind im Geschäftsleben an der Tagesordnung. Da bereits kleine Missverständnisse schwerwiegende Auswirkungen wie Lieferengpässe zur Folge haben können, ist das einwandfreie Verständnis ein Muss. Der Betreff ist von großer Relevanz im Schriftverkehr. Er ermöglicht es Unternehmen, bestimmte Schriftstücke zu priorisieren. Außerdem wird sichergestellt, dass Briefe, Faxe oder Mails nicht in der Masse untergehen.

Sollte eine Referenznummer vorliegen, bietet sich diese als Betreff an.

In dem Fall, dass der Name des*r Empfängers*in nicht bekannt ist, sollte die Formulierung ‚To whom it may concern' gewählt werden. Sie ist sehr formell und mit dem ‚Sehr geehrte Damen und Herren' im Deutschen vergleichbar.

7.3 E-MAIL (BEISPIEL)

Neben Geschäftsbriefen sind E-Mails ein wichtiger Bestandteil der schriftlichen Kommunikation im Englischen. Im Gegensatz zu Geschäftsbriefen sind E-Mails im geschäftlichen Kontext weit weniger formell. Das zeigt sich sowohl beim Format als auch in der Sprache. Es ist nicht erforderlich, Absender- und Empfängeradresse am Anfang der E-Mail aufzuführen. Bereits nach einer kurzen Anrede folgt der Text mit allen relevanten Informationen. Die E-Mail im folgenden Beispiel bezieht sich auf das Geschäftstreffen zwischen Frau Schmidt und Herrn Graham. Nach dem Treffen sendet Frau Schmidt Herrn Graham eine E-Mail, um alle Details festzuhalten und eine Liste mit den einzelnen Teilen zu übermitteln.

Subject: Meeting regarding faster delivery and new parts
Betreff: Treffen bezüglich schnellerer Lieferung und neuer Teile

Dear Mr. Graham,
Lieber Herr Graham,

I hope this email finds you well. As per our recent business meeting, I would like to thank you for taking the time to discuss solutions to improve our delivery times and add additional parts to the delivery list. It was a pleasure meeting you personally and discussing the possibilities for our companies to improve our partnership.

ich hoffe, diese E-Mail kommt bei Ihnen an. Im Rahmen unseres jüngsten Geschäftstreffens möchte ich Ihnen dafür danken, dass Sie sich die Zeit genommen haben, Lösungen zur Verbesserung unserer Lieferzeiten zu besprechen und zusätzliche Teile in die Lieferliste aufzunehmen. Es war mir ein Vergnügen, Sie persönlich kennenzulernen und mit Ihnen Möglichkeiten zur Verbesserung der Partnerschaft zwischen unseren Unternehmen zu erörtern.

I would like to recap on what we discussed earlier during the meeting. We talked about the possibility of offering faster same-day delivery and agreed on a 15 % surcharge. As per our agreement, I have attached the document outlining the additional parts we plan to order.
Ich möchte zusammenfassen, was wir zuvor im Meeting besprochen haben. Wir haben über die Möglichkeit gesprochen, eine schnellere Lieferung am selben Tag anzubieten und uns auf einen Aufschlag von 15 % geeinigt. Gemäß unserer Vereinbarung habe ich ein Dokument beigefügt, in dem die zusätzlichen Teile aufgeführt sind, die wir bestellen wollen.

We appreciate your willingness to work with us on this matter and your efforts to discuss it with your CEO, Mr. Smith. Hopefully, we can reach a mutually beneficial agreement and add the new parts to our list shortly.
Wir schätzen Ihre Bereitschaft, mit uns in dieser Angelegenheit zusammenzuarbeiten sowie Ihre Bemühungen, die Angelegenheit mit Ihrem CEO, Herrn Smith, zu besprechen. Wir hoffen, dass wir eine für beide Seiten vorteilhafte Einigung erzielen und die neuen Teile in Kürze in unsere Liste aufnehmen können.

Thank you for your cooperation and understanding. We look forward to the continuation of our discussions and hope to hear from you soon.
Ich danke Ihnen für Ihre Mitarbeit und Ihr Verständnis. Wir freuen uns auf die Fortsetzung unserer Gespräche und hoffen, bald von Ihnen zu hören.

With best regards,
*Mit freundlichen Grüßen*Silke Schmidt

COO, Auto Deutschland

7.4 FORMULIERUNG DER ABWESENHEITSNACHRICHTEN

Es ist ganz normal, dass Mitarbeiter*innen oder Geschäftsführer*innen eines Unternehmens nicht immer erreichbar sind. Dafür gibt es vielfältige Gründe, z. B. Geschäftsreise, Urlaub oder Krankheit. Unabhängig vom Grund bietet sich eine Abwesenheitsnachricht an. Sie informiert den*die Absender*in, klärt Erwartungen und zeigt professionelles Image. Für die Formulierung einer Abweisenheitsnotiz reichen drei oder vier Sätze aus.

Dear Sir or Madam,
Sehr geehrte(r) Frau oder Herr (Name),

Thank you very much for your message. I am currently unavailable and will not be able to respond until August 25th. Please note that your email will not be forwarded during my absence. I will address the matter as soon as I am back.
vielen Dank für Ihre Nachricht. Ich bin derzeit nicht erreichbar und kann Ihnen erst ab 25. August antworten. Bitte beachten Sie, dass Ihre E-Mail während meiner Abwesenheit nicht weitergeleitet wird. Ich werde mich um die Angelegenheit kümmern, sobald ich zurück bin.

For urgent matters, please contact Mr. Jones at [peterjones@fastshipments.com; +1 555-7890-123.
In dringenden Fällen wenden Sie sich bitte an Herrn Jones unter [peterjones@fastshipments.com; +1 555-7890-123].

Thank you for your understanding.
Ich danke Ihnen für Ihr Verständnis.

With best regards,
Mit freundlichen Grüßen

Michael Smith
Michael Smith

CEO, Fast Shipments

Nur selten handelt es sich um sehr dringende Angelegenheiten, dennoch ist es sinnvoll, die Kontaktdaten eines*r Ansprechpartners*in für Notfälle zu hinterlegen. Außerdem ist es wichtig, ein konkretes Datum für die Rückkehr mitzuteilen.

7.5 FORMULIERUNG DER ADRESSÄNDERUNGEN

Dass Unternehmen umziehen müssen, ist denkbar und daher sollten Adressänderungen vorzugsweise zwei Wochen im Voraus Kund*innen, Partner*innen und anderen wichtigen Kontakten umgehend mitgeteilt werden. So lässt sich sicherstellen, dass Dokumente, Lieferungen und Rechnungen nicht an die falsche Adresse gesendet werden. Unter Umständen kann das sogar zu Datenschutz- oder Sicherheitsproblemen führen.

Die Mitteilung der Adressänderung ist über Postbrief oder E-Mail möglich. Hinweise auf eine neue Adresse können folgendermaßen aussehen:

ADRESSÄNDERUNGEN	
As we have moved to a new location, kindly update your records. Effective [date] please send all correspondence and mail to our new address at [new address].	Da wir an einen neuen Standort umgezogen sind, bitten wir Sie, Ihre Unterlagen zu aktualisieren. Mit Wirkung vom [Datum] senden Sie bitte alle Korrespondenz und Post an unsere neue Adresse [neue Adresse].

ADRESSÄNDERUNGEN	
From [date] we will be operating from our new premises located at [new address]. Please use this address for all future mail and correspondence.	Ab [Datum] werden wir in unseren neuen Räumlichkeiten unter [neue Adresse] tätig sein. Bitte verwenden Sie diese Adresse für alle künftigen Postsendungen und Korrespondenzen.
Please be advised that our company has moved to a new address. From [date], we respectfully request that all mail and deliveries be sent to the following address: [new address].	Wir möchten Sie darauf hinweisen, dass unser Unternehmen an eine neue Adresse umgezogen ist. Ab [Datum] bitten wir Sie höflichst, sämtliche Post und Lieferungen an die folgende Adresse zu senden: [neue Adresse].
We would like to inform you that we have moved to a new address. Please ensure that all mail and packages are sent to the new address from [date]. The new address is: [new address].	Wir möchten Ihnen mitteilen, dass wir eine neue Adresse haben. Bitte stellen Sie sicher, dass alle Postsendungen und Pakete ab [Datum] an die neue Adresse geschickt werden. Die neue Adresse lautet: [neue Adresse].

7.6 FORMULIERUNG VON EINLADUNGEN

Schriftliche Einladungen sind in der Geschäftswelt gern gesehen. Sie zeugen von Interesse und Wertschätzung. Bei

Einladungen gibt es einige Dinge zu berücksichtigen, allerdings sind die fünf W-Fragen am wichtigsten.

Who	Wer	Wer ist der Veranstalter?
What	Was	Wie heißt das Event? Um was geht es?
When	Wann	Wann findet die Veranstaltung statt?
Where	Wo	Wo findet das Ereignis statt?
Why	Warum	Welches ist das Ziel des Events?

Diese fünf Fragen müssen bei einer geschäftlichen Einladung immer beantwortet werden. Ferner sollten ggf. zusätzliche Informationen enthalten sein, z. B. der Dresscode. So könnte Ihre Einladung zu einem geschäftlichen Event folgendermaßen aussehen:

Dear Mr. Robert Müller,
Sehr geehrter Herr Robert Müller,

I hope this message finds you well. On behalf of Fast Shipments, my company, I am pleased to extend an invitation to you. We are organizing a Partnership Discussion Event to enhance our delivery services using AI-technology.
ich hoffe, dass diese Nachricht Sie gut erreicht. Im Namen meines Unternehmens Fast Shipments freue ich mich, Sie einladen zu dürfen. Wir organisieren eine Partnerschaftsveranstaltung, um unsere Zustelldienste mit Hilfe der KI-Technologie zu verbessern.

The event will take place on Tuesday the 22nd June at 3 pm at our Fast Shipments headquarters located at 789 Express Lane Newport City, NY 10001. During the event, we will be able to discuss how our companies can benefit from each other's expertise and capabilities. By working together, we can bring innovative solutions to the industry. We can provide our customers with faster and more efficient delivery services.

*Die Veranstaltung findet am Dienstag, den 22. Juni, um 15 Uhr in der Zentrale von Fast Shipments statt, die sich in der 789 Express Lane Newport City, NY 10001, befindet. Während der Veranstaltung werden wir besprechen, wie unsere Unternehmen von den Kenntnissen und Fähigkeiten des jeweils anderen profitieren können. Durch unsere Zusammenarbeit können wir innovative Lösungen für die Branche anbieten. Wir können unseren Kund*innen einen schnelleren und effizienteren Lieferservice bieten.*

To assist with planning, please let us know if you have any guests or special accommodation requirements. The event dress code is business casual.
Um die Planung zu erleichtern, teilen Sie uns bitte mit, ob Sie Gäste mitbringen oder besondere Unterbringungswünsche haben. Die Kleiderordnung für die Veranstaltung ist legere Geschäftskleidung.

Please reply to this email to confirm your attendance. We look forward to meeting you and discussing our potential partnership.
Bitte antworten Sie auf diese E-Mail, um Ihre Teilnahme zu bestätigen. Wir freuen uns darauf, Sie kennenzulernen und unsere mögliche Partnerschaft zu besprechen.

Yours sincerely,
Mit freundlichen Grüßen,

Michael Smith
CEO, Fast Shipments

7.7 ÜBUNG 9 – KORREKTUR EINER E-MAIL

Ein Arbeitskollege fragt, ob Sie seine E-Mail kontrollieren können. Sie finden zehn Fehler bzw. Optimierungsmöglichkeiten.

Dear Robert Müller,

I hope you are having a great week. I am writing to invite you to our upcoming business conference, which will be held 10 of June, 2023 in our office building on the third floor room C5. The meeting will focus on the latest developments and trends from our industry. We have an exceptional line-up of speakers which will share their insights and experiences.

We hope that your attendance at this conference would be of great benefit to your company. You will become valuable knowledge that will help you in your business endeavors and you will have the opportunity to network with other industry leaders.

Enclosed are the conference agenda, registration form, and other relevant things. Please confirm your attendance by 2023 of May 28 to enhance the planning of the event.

Thanks in advance for your attention to this matter.

We look forward to hearing from you and hope to see you at the conference.

Cheers!

Peter Jones

7.8 LÖSUNG – ÜBUNG 9

1. Dear Robert Müller

→ Das Mr. darf bei der Anrede nicht fehlen. Richtig heißt es: *Dear Mr. Robert Müller*

2. 10 of June, 2023

→ Die Zeitangabe ist nicht korrekt. Richtig wäre: *on June 10, 2023*

3. from our industry

→ Leider ist die falsche Präposition verwendet worden. Richtig ist: *in our industry*

4. **We have an exceptional line-up of speakers which will share their insights and experiences.**

→ Hier heißt es nicht ‚which', sondern ‚who'.

5. **We hope that your attendance at this conference would be of great benefit to your company.**

→ Grundsätzlich ist die Formulierung nicht falsch, aber für eine geschäftliche E-Mail nicht überzeugend genug. Besser als das Wort ‚hope' wäre ein Verb wie ‚believe'.

6. **You will become valuable knowledge...**

→ Niemand möchte wertvolles Wissen werden, sondern es erwerben. Hier hat sich ein typischer ‚false friend' eingeschlichen. Statt ‚become' bietet sich das Verb ‚gain' oder ‚obtain' an.

7. **Enclosed are the conference agenda, registration form, and other relevant things.**

→ In einer geschäftlichen E-Mail das Nomen ‚things' zu verwenden, ist viel zu unspezifisch und selbst außerhalb des Berufslebens keine gute Wahl. Wesentlich besser ist die Formulierung ‚details'.

8. Please confirm your attendance by 2023 of May 28...

→ Die Datumsangabe ist nicht korrekt geschrieben. Richtig wäre hier ‚by May 28, 2023' oder eine alternative Formulierung wie „Please confirm you wish to attend by 28 May 2023.".

9. ... to enhance the planning of the event.

→ Das Verb ‚enhance' heißt so viel wie *verbessern* und passt nicht in den Sprachgebrauch. Richtig ist ein Wort wie ‚facilitate' mit der Bedeutung *erleichtern*.

10. Cheers!

→ Eine derartige Verabschiedung ist in einer Geschäftsmail ein großes Tabu. Denkbare Alternativen sind ‚With best regards' oder ‚Yours sincerely' und ‚Yours respectfully'.

Nachdem Sie die E-Mail korrigiert haben, könnte sie folgendermaßen aussehen:

Dear Mr. Robert Müller,

I hope you are having a great week. I am writing to invite you to our upcoming business conference, which will be held on June 10, 2023 in our office building on the third floor room C5. The meeting will focus on the latest developments and trends in our industry. We have an exceptional line-up of speakers who will share their insights and experiences.

We believe that your attendance at this conference would be of great benefit to your company. You will gain valuable knowledge that will help you in your business endeavors and you will have the opportunity to network with other industry leaders.

Enclosed are the conference agenda, registration form, and other relevant details. Please confirm your attendance by May 28, 2023, to facilitate the planning of the event.

Thanks in advance for your attention to this matter.

We look forward to hearing from you and hope to see you at the conference.

With best regards,

Peter Jones

Sehr geehrter Herr Robert Müller,

ich hoffe, Sie haben eine gute Woche.

Ich schreibe Ihnen, um Sie zu unserer nächsten Wirtschaftskonferenz einzuladen, die am 10. Juni 2023 in unserem Bürogebäude im dritten Stock, Raum C5, stattfinden wird. Die Konferenz wird sich auf die neuesten Entwicklungen und Trends in unserer Branche konzentrieren. Wir haben eine außergewöhnliche Auswahl an Rednern, die ihr Wissen und ihre Erfahrungen mit Ihnen teilen werden.

Wir sind davon überzeugt, dass Ihre Teilnahme an dieser Konferenz für Ihr Unternehmen von großem Nutzen sein wird. Sie werden wertvolles Wissen erwerben, das Ihnen bei Ihren geschäftlichen Unternehmungen helfen wird, und Sie werden die Gelegenheit haben, Kontakte mit anderen Branchenführern zu knüpfen.

Anbei finden Sie das Konferenzprogramm, das Anmeldeformular und weitere wichtige Informationen. Bitte bestätigen Sie Ihre Teilnahme bis zum 28. Mai 2023, um die Planung der Veranstaltung zu erleichtern.

Vielen Dank im Voraus für Ihre Aufmerksamkeit.

Wir freuen uns darauf, von Ihnen zu hören, und hoffen, Sie bei der Konferenz begrüßen zu dürfen.

Mit freundlichen Grüßen

Peter Jones

7.9 VOKABELN ZUR SCHRIFTLICHEN KOMMUNIKATION

Die schriftliche Kommunikation im Geschäftsbereich erfordert einen speziellen Wortschatz, um Gedanken verständlich auszudrücken und professionelle Dokumente zu verfassen. Darüber hinaus ermöglicht ein solider Wortschatz in der schriftlichen Geschäftskommunikation die Kenntnis und angemessene Reaktion auf geschäftsrelevante Dokumente. Die Beherrschung dieser Vokabeln ermöglicht es Ihnen, professionelle Beziehungen zu Kund*innen, Kolleg*innen und Geschäftspartner*innen aufzubauen, Vertrauen zu gewinnen und einen positiven Eindruck zu hinterlassen.

ENGLISCH	DEUTSCH
acknowledge	bestätigen
analysis	Analyse
apologize	sich entschuldigen
application	Bewerbung
approve	genehmigen
assessment	Bewertung
assist	unterstützen
attention	Aufmerksamkeit
authorize	bevollmächtigen
availability	Verfügbarkeit
brief	Kurzbeschreibung
budget	Budget
business proposal	Geschäftsvorschlag

ENGLISCH	DEUTSCH
collaborate	zusammenarbeiten
company policy	Unternehmensrichtlinie
competitor	Konkurrent
confirm	bestätigen
consider	berücksichtigen
consultation	Beratung
contract	Vertrag
correspondence	Korrespondenz
customer service	Kundenservice
deadline	Frist
decision-making	Entscheidungsfindung
delegate	delegieren
develop	entwickeln
discuss	besprechen
efficient	effizient
evaluate	bewerten
execute	ausführen
expand	erweitern
explore	erkunden
feedback	Rückmeldung
financial report	Finanzbericht
follow-up	nachverfolgen
forecast	Prognose

ENGLISCH	DEUTSCH
generate	generieren
goal	Ziel
implement	umsetzen
improve	verbessern
increase	erhöhen
initiative	Initiative
invoice	Rechnung
issue	Problem
negotiate	verhandeln
objective	Ziel
offer	Angebot
opportunity	Gelegenheit
order	Bestellung
outcome	Ergebnis
partnership	Partnerschaft
performance	Leistung
policy	Richtlinie
prioritize	priorisieren
problem-solving	Problemlösung
product launch	Produktstart
promote	fördern
proposal	Vorschlag
prospect	Interessent

ENGLISCH	DEUTSCH
purchase	Kauf, Erwerb
recommendation	Empfehlung
reference	Referenz
refund	Rückerstattung
report	Bericht
request	Anfrage
research	Forschung
respond	antworten
review	überprüfen
schedule	Zeitplan
success	Erfolg
target	Zielgruppe
update	aktualisieren

8

PRÄSENTATIONEN

Präsentationen sind ein integraler Bestandteil des Geschäftslebens. Es kann sich bspw. um Fachveranstaltungen, Strategiepräsentationen vor Kolleg*innen oder Verkaufspräsentationen vor Kund*innen handeln. In allen Fällen ist es wichtig, dass die gesetzten Ziele erreicht werden. Das ist nur möglich, wenn die Präsentation vom Publikum interessiert und lobend angenommen wird. Gute Kenntnisse in Business Englisch sind eine absolute Grundvoraussetzung.

8.1 TEILNEHMERBEGRÜßUNG

Bevor es an die eigentliche Präsentation geht, sollten erst einmal die Teilnehmer*innen begrüßt werden. Hierzu gehört die eigene Vorstellung und evtl. die der Firma.

BEGRÜẞUNG DER TEILNEHMER

Good morning/afternoon/evening everybody!	Guten Morgen/Tag/Abend allerseits!
Ladies and gentlemen, I would like to welcome you to my presentation about (topic).	Meine Damen und Herren, ich heiße Sie herzlich zu meinem Vortrag über (Thema) willkommen.
My name is (name) and in my presentation I'm going to talk about (topic).	Mein Name ist (Name) und ich werde in meiner Präsentation über (Thema) sprechen.
Welcome, everyone, and thanks for attending. The purpose of today's meeting is to discuss (topic).	Herzlich willkommen und vielen Dank für Ihr Erscheinen. Der Zweck der heutigen Sitzung ist die Erörterung des Themas (Thema).
Thank you all for attending. Today I would like to talk about (topic).	Ich danke Ihnen allen für Ihre Anwesenheit. Heute möchte ich über (Thema) sprechen.
On behalf of the company (company), I'm delighted/glad to be here to talk to you about the following topics.	Im Namen des Unternehmens (Name des Unternehmens) freue ich mich, hier zu sein und mit Ihnen über die folgenden Themen zu sprechen.
First, let me introduce myself. My name is (name) and I'm the (position) of company (company).	Zunächst möchte ich mich vorstellen. Mein Name ist (Name) und ich bin der*die (Position) des Unternehmens (Name des Unternehmens).

8.2 THEMENÜBERSICHT

Damit die Teilnehmer*innen wissen, worum es im Einzelnen bei dem Thema geht, sollten Sie die Schwerpunkte der Präsentation kurz ausführen. Falls es mehrere Themen innerhalb Ihres Vortrags gibt, zählen Sie am besten das Wesentliche auf. Selbst wenn durch Aushang oder Einladungsschreiben das Thema bekannt ist, sollten Sie die Inhalte umreißen.

ERWÄHNUNG DER PRÄSENATIONSTHEMEN	
I want to give you a short presentation about (topic).	Ich möchte Ihnen einen kurzen Vortrag über (Thema) halten.
What I'm going to talk about today is (topic).	Ich werde heute über (Thema) sprechen.
Today we're going to take a look at (topic).	Heute werden wir einen Blick auf (Thema) werfen.
The topic of today's presentation is (topic).	Das Thema der heutigen Präsentation ist (Thema).
I'm very grateful to be here today and tell you about (topic).	Ich bin sehr dankbar, dass ich heute hier sein darf und Ihnen über (Thema) berichten kann.
I would like to take this chance to talk about (topic A) and (topic B).	Ich möchte diese Chance nutzen, um über (Thema A) und (Thema B) zu sprechen.
The purpose of this presentation is to…	Der Zweck dieser Präsentation ist …

ERWÄHNUNG DER PRÄSENATIONSTHEMEN	
Hopefully, by the end of my presentation, you'll all know more about ...	Am Ende meiner Präsentation wissen Sie hoffentlich mehr über ...

8.3 GLIEDERUNG DER PRÄSENTATION

Für die Teilnehmer*innen ist nicht nur das Thema interessant, sondern auch die Gliederung der Präsentation. So ist ein roter Faden vorgegeben, die Aufmerksamkeit ist geschärft und eine gut strukturierte Präsentation macht einen professionellen Eindruck.

ROTEN FADEN BILDEN	
The first item on the agenda that I want to talk about is (topic).	Der erste Punkt auf der Tagesordnung, über den ich sprechen möchte, ist (Thema).
The first item on the agenda that I want to bring up for discussion is (topic).	Der erste Punkt auf der Tagesordnung, den ich zur Diskussion stellen möchte, ist (Thema).
Let's look at the first item on the agenda.	Schauen wir uns den ersten Punkt der Tagesordnung an.

ROTEN FADEN BILDEN	
To make it more understandable, I divided this presentation into (number of parts) parts. In the first part, I will focus on (topic A), the second part will be about (topic B) and the third part will be about (topic C) …	Um es verständlicher zu machen, habe ich diesen Vortrag in (Anzahl der Teile) Teile unterteilt. Im ersten Teil werde ich mich auf (Thema A) konzentrieren, der zweite Teil wird sich mit (Thema B) befassen, der dritte Teil dreht sich um (Thema C) …
First of all, I will give you a brief introduction, then we will move on to (topic A) and at the end, I will give you some insights to (topic B).	Zunächst werde ich Ihnen eine kurze Einführung geben, dann geht es weiter mit (Thema A) und am Ende gebe ich Ihnen einige Einblicke in (Thema B).

8.4 VERTIEFUNG WICHTIGER PUNKTE

Manche Themen einer Präsentation sind so interessant, dass es sich lohnt, näher darauf einzugehen. Wurde bspw. ein Aspekt angesprochen, der für das zukünftige Wachstum des Unternehmens relevant sein könnte, kann er konkreter ausgeführt werden. Dasselbe gilt für Tagesordnungspunkte, welche sich für eine Diskussion eignen. Solange es keinen zu engen zeitlichen Rahmen gibt, spricht wenig gegen die ein oder andere Diskussion zwischen dem*r Präsentator*in und den Teilnehmer*innen.

THEMEN NÄHER ERLÄUTERN	
Before we move on, I think we need to look at the following point.	Bevor wir weitermachen, sollten wir uns den folgenden Punkt ansehen.
I'm sorry, but I don't believe we've addressed …	Es tut mir leid, aber ich glaube, wir haben noch nicht über ... gesprochen.
Just a second, please, it seems we haven't discussed …	Einen Moment, bitte, es scheint, wir haben noch nicht über … diskutiert.
What also has to be mentioned is …	Was ebenfalls erwähnt werden muss, ist …
To give you an example …	Um Ihnen ein Beispiel zu zeigen …
The key message is …	Die Kernaussage ist …
I want to emphasize the importance of …	Ich möchte betonen, wie wichtig … ist.
This is of high significance because …	Dies ist von großer Bedeutung, weil …
That part is especially important because …	Dieser Teil ist besonders wichtig, weil …

8.5 ÜBERLEITUNGEN

Manchmal sind Redner*innen wie DJs in Clubs. Sie müssen die richtigen Übergänge finden und wie ein DJ nicht einfach zum nächsten Song springen kann, sollte ein*e Vortragende*r nicht unvermittelt auf ein anderes Thema wechseln. Es braucht die richtigen Überleitungen.

THEMENWECHSEL	
Let's move on to the next part on the agenda, which is …	Kommen wir zum nächsten Teil der Tagesordnung, der … lautet.
Let's move on to the next topic.	Lassen Sie uns zum nächsten Thema übergehen.
Moving on, let's take a look at the next agenda item.	Kommen wir nun zum nächsten Tagesordnungspunkt.
Next up is …	Als Nächstes ist …
That being said, now we're going to take a look at …	Doch nun wollen wir einen Blick auf … werfen.
On the next slide …	Auf der nächsten Folie …
Moreover/furthermore we should take a look at …	Darüber hinaus sollten wir einen Blick auf … werfen.
The last thing I would like to mention is …	Der letzte Punkt, den ich erwähnen möchte, ist …

8.6 BILDER, STATISTIKEN UND VIDEOS

Präsentationen ohne Bilder, Statistiken oder Videos sind ziemlich langweilig. Die Einbindung von Medien ist ein Muss für einen erfolgreichen Vortrag. Sie sollten daher wissen, wie Sie über diese Dinge reden.

EINBINDUNG VON MEDIEN

In the following image you can clearly see that ...	Auf dem folgenden Bild kann man deutlich sehen, dass ...
I'm going to show you a picture/video about ... now.	Ich werde Ihnen jetzt ein Bild/Video über ... zeigen.
I've prepared a picture/graph/statistic/video about ...	Ich habe ein Bild/ein Schaubild/eine Statistik/ein Video über ... vorbereitet.
I'm now addressing this graph/statistic about the results of study (study).	Ich spreche jetzt über diese Grafik/Statistik zu den Ergebnissen der Studie (Name der Studie).
In this graph you can see that ...	In dem Schaubild können Sie sehen, dass ...
This graph/statistic clearly shows that the minority/majority ...	Diese Grafik/Statistik zeigt deutlich, dass die Minderheit/Mehrheit ...
According to this graph, the focus should be on ...	Laut diesem Schaubild sollte der Schwerpunkt auf ... liegen.
What that picture/graph/video tells us is ...	Was das Bild/Schaubild/Video zeigt, ist ...
The data shows ...	Die Daten zeigen ...
If you look at this chart / table ...	Wenn Sie sich dieses Diagramm/diese Tabelle anschauen ...

EINBINDUNG VON MEDIEN	
According to these figures …	Diesen Zahlen zufolge …

8.7 VERGLEICHE

Eine spannende Präsentation funktioniert nicht ohne Vergleiche. Glücklicherweise ist es im Englischen nicht schwer, mehrere Dinge miteinander zu vergleichen.

VERGLEICHE HERSTELLEN	
On one hand … on the other hand …	Auf der einen Seite …, auf der anderen Seite …
Comparing … with …, we can see that …	Wenn man … mit … vergleicht, stellt man fest, dass …
Clearly, … makes more sense than …	Offensichtlich ergibt … mehr Sinn als …
Whereas option A is …, option B is …	Während Option A ... ist, ist Option B …
If you compare (fact A) to (fact B) …	Wenn Sie (Tatsache A) mit (Tatsache B) vergleichen ...

8.8 INTERAKTION MIT DEM PUBLIKUM

Wenn jemand ein Thema präsentiert, kaum Reaktionen zeigt und keinen Blickkontakt mit dem Publikum hält, ist eine solche Vortragsart im Geschäftsleben unerwünscht und inakzeptabel. Natürlich sollte man sich als Redner*in nicht ablenken lassen, aber Interaktion mit dem Publikum ist sehr wichtig, um der Präsentation Leben zu verleihen und die Aufmerksamkeit der Zuhörer*innen zu erhalten. Stellen Sie Fragen an das Publikum.

FRAGEN AN DAS PUBLIKUM	
Do you agree that …?	Sind Sie auch der Meinung, dass …?
Have you ever thought about …?	Haben Sie jemals darüber nachgedacht …?
I want to do a poll about …	Ich möchte eine Umfrage über … machen.
Is anybody here who wants to ask a question?	Ist jemand hier, der eine Frage stellen möchte?
Please ask your questions as soon as they arrive.	Bitte stellen Sie Fragen, sobald Sie welche haben.
Please raise your hand if you have any questions.	Bitte heben Sie die Hand, wenn Sie Fragen haben sollten.
What are your opinions on …?	Was ist Ihre Meinung zu …?

8.9 ENTSCHULDIGUNGEN UND HILFESTELLUNG

Gibt es bei Präsentationen trotz perfekter Vorbereitung Schwierigkeiten, z. B. mit der Technik, oder es wurde etwas vergessen, gehört zu einem professionellen Verhalten eine erklärende Entschuldigung.

FÜR DAS PROBLEM ENTSCHULDIGEN	
I apologize for the interruption.	Ich entschuldige mich für die Unterbrechung.
I would like to apologize for the technical issues, we're going to continue shortly.	Ich möchte mich gern für die technischen Probleme entschuldigen, wir werden in Kürze weitermachen.
I would like to apologize for …	Ich möchte mich für … entschuldigen.
I'm sorry, the … doesn't seem to be working.	Tut mir leid, das/der/die … scheint nicht zu funktionieren.
I'm sorry, but it seems like the projector isn't working.	Es tut mir leid, aber es scheint, dass der Projektor nicht funktioniert.
I'm sorry for the inconvenience.	Ich entschuldige mich für die Unannehmlichkeiten.

NACH HILFE FRAGEN	
Could someone please assist me with …?	Könnte mir bitte jemand mit … dem/der helfen?
Could someone give me a hand with …?	Könnte mir jemand mit … dem/der behilflich sein?
Does anyone know how to fix this?	Weiß jemand, wie man das beheben kann?
Is anybody here who knows how to …?	Ist hier jemand, der weiß, wie man …?

8.10 PRÄSENTATIONSZUSAMMENFASSUNG

Bei einer Präsentation werden viele Aspekte und Details angesprochen, sodass die Teilnehmer*innen leicht den Überblick verlieren können. Daher ist es ratsam, am Ende die wichtigsten Punkte zusammenzufassen, damit sich die zahlreichen Informationen einprägen.

ZUSAMMENFASSUNG DER BEHANDELTEN THEMEN	
In conclusion I can say that …	Abschließend kann ich sagen, dass …
Let's recap.	Fassen wir zusammen.
To summarize what we've agreed on …	Um zusammenzufassen, worauf wir uns geeinigt haben …

ZUSAMMENFASSUNG DER BEHANDELTEN THEMEN	
To sum up the main points …	Um die wichtigsten Punkte zusammenzufassen …
With all mentioned aspects taken into consideration, it's obvious that …	Wenn man alle genannten Aspekte berücksichtigt, ist offensichtlich, dass …

8.11 KLÄRUNGSBEDARF

Natürlich kann es jederzeit passieren, dass die Zuhörer*innen während der Präsentation Fragen stellen oder bei Unklarheiten um Klärung bitten. Als Vortragende*r sollten Sie daher sehr gut vorbereitet sein. Eine kompetente Interaktion mit allen Teilnehmenden ist im Geschäftsleben von großer Bedeutung.

TEILNEHMERFRAGEN	
Excuse me, could you please clarify what you just said?	Entschuldigen Sie, könnten Sie bitte klarstellen, was Sie gerade gesagt haben?
I'm not sure I understand what you mean by …	Ich bin nicht sicher, ob ich verstehe, was Sie mit … meinen.
I'm sorry, I don't quite follow …	Tut mir leid, ich kann nicht ganz folgen …
What are the chances of …?	Wie hoch sind die Chancen, dass …?
What are the implications of …?	Was sind die Auswirkungen von …?

TEILNEHMERFRAGEN	
What evidence is there …?	Welche Beweise gibt es …?
What's the significance of …?	Welche Bedeutung hat …?

8.12 TEILNEHMER ZUM FRAGEN ERMUTIGEN

Bevor Sie die Präsentation beenden, sollten Sie die Anwesenden zu Fragen ermutigen. Dadurch wird Ihr Vortrag lebhafter, vielfältiger und spezieller. Mit etwas Glück kommt sogar eine spannende Diskussion mit ganz neuen Aspekten für alle Beteiligten auf.

OFFENE FRAGEN EINLEITEN	
If there are any open questions, I'll be happy to talk to you.	Wenn Sie noch offene Fragen haben, stehe ich Ihnen gern zur Verfügung.
If you have any questions, please don't hesitate to ask.	Wenn Sie Fragen haben, zögern Sie bitte nicht, sie zu stellen.
If you have any questions regarding my presentation, feel free to ask.	Wenn Sie Fragen zu meiner Präsentation haben, können Sie diese gern stellen.
I'll be happy to answer any questions you may have.	Ich beantworte gern alle Fragen, die Sie haben.

8.13 PRÄSENTATIONSENDE

Am Ende einer Präsentation können Sie nicht abrupt aufhören zu reden, denn eine gebührende Verabschiedung von den Gästen ist obligatorisch und ein Dankeschön darf ebenso nicht fehlen.

PRÄSENTATIONSENDE EINLEITEN	
The meeting is adjourned. Thank you all for attending.	Die Sitzung wird abgeschlossen. Ich danke Ihnen allen für Ihre Anwesenheit.
The presentation is over. Thank you all for attending.	Die Präsentation ist beendet. Ich danke Ihnen allen für Ihre Anwesenheit.
This will be all for today, thanks for your attendance.	Das war es für heute, vielen Dank für Ihre Anwesenheit.
Thanks for your time and have a good day.	Ich danke Ihnen für Ihre Zeit und wünsche Ihnen einen schönen Tag.
It was a great pleasure being here with you today.	Es war mir ein großes Vergnügen, heute bei Ihnen zu sein.
Thank you for being such a great, engaged audience. Goodbye.	Danke, dass Sie ein tolles, engagiertes Publikum waren. Auf Wiedersehen.

PRÄSENTATIONSENDE EINLEITEN	
Thank you very much for listening today, see you next time on the (date) at (time).	Vielen Dank für das Zuhören heute, bis zum nächsten Mal am (Datum) um (Uhrzeit).
I would like to encourage you to ...	Ich möchte Sie dazu ermutigen, ...

8.14 VOKABELN FÜR PRÄSENTATIONEN

Nachfolgend finden Sie einige Vokabeln, die für professionelle Präsentationen relevant sind.

ENGLISCH	DEUTSCH
adjourned	vertagt
agenda item	Tagesordnungspunkt
analyze	analysieren
attend	besuchen/teilnehmen
benchmark	Maßstab/Vergleichsmaßstab
brainstorming	Ideenfindung/Brainstorming
chart	Diagramm/Grafik
clarify something	etwas klarstellen
collaborate	zusammenarbeiten
compare something	etwas vergleichen
competition	Wettbewerb
conclusion	Fazit/Schlussfolgerung

ENGLISCH	DEUTSCH
contract	Vertrag
customer	Kunde
data	Daten
decision	Entscheidung
develop	entwickeln
divide something	etwas aufteilen
efficiency	Effizienz
emphasize something	etwas hervorheben
evaluate	bewerten
evidence	Beweise
finance	Finanzen
give a hand	helfen/mithelfen/Hand anlegen
goal	Ziel
graph	Diagramm/Grafik/Schaubild
implement	umsetzen
implications	Auswirkungen/Folgen/ Konsequenzen
innovate	innovieren
insights	Einblicke/Erkenntnisse
introduction	Einleitung
key message	Kernaussage/Kernbotschaft/ Schlüsselbotschaft
leadership	Führung

ENGLISCH	DEUTSCH
main points	Hauptpunkte/Kernpunkte
marketing	Marketing
move on to something	zu etwas anderem übergehen
negotiate	verhandeln
objective	Ziel/Zielsetzung
on behalf of someone	im Auftrag/Namen von jemandem
opinion on something	Meinung zu etwas
performance	Leistung
poll	Abstimmung/Umfrage
presentation	Präsentation/Vortrag
problem	Problem
profit	Gewinn
projector	Beamer/Projektor
quality	Qualität
recap something	etwas wiederholen/ zusammenfassen
report	Bericht
slide	Folie
statistic	Statistik
strategy	Strategie
stress the importance of something	die Bedeutung von etwas hervorheben
study	Studie

ENGLISCH	DEUTSCH
table	Tabelle
target	Ziel/Zielpunkt
teamwork	Teamarbeit
technical problems	technische Probleme
topic	Thema
training	Schulung/Training
trend	Trend
vision	Vision

9

LÄNDERSPEZIFISCHE BESONDERHEITEN – GROẞBRITANNIEN UND USA

Obwohl in beiden Staaten Englisch als Muttersprache gesprochen wird, gibt es einige länderspezifische Besonderheiten zwischen Großbritannien und den USA. Zum einen gilt es sprachliche Unterschiede zu nennen, zum anderen gibt es auch kulturelle Besonderheiten.

9.1 UNTERSCHIEDE ZWISCHEN BRITISH ENGLISH UND AMERICAN ENGLISH

Wer British English sprechen und verstehen kann, wird auch mit American English zurechtkommen. Trotzdem gehört zu einem professionellen Verhalten im Geschäftsleben das Wissen über die Unterschiede zwischen den beiden Varianten. In Wörterbüchern wird British English mit [BE] und American

English mit [AE] abgekürzt. An deutschen Schulen lehrt man British English.

9.1.1 UNTERSCHIEDE BEI DER AUSSPRACHE

Bei einigen Wörtern wie ‚dance' sprechen die Amerikaner das ‚a' wie ein ‚ä' aus. Bei den Briten ist es hingegen ein langgezogenes ‚a' (vgl. Kap. 2.24)

Im Gegensatz zu den Briten sprechen die Amerikaner den Buchstaben ‚r' deutlich aus. Das macht sich vor allem dann bemerkbar, wenn das ‚r' in der Mitte oder am Ende eines Wortes steht (z. B. car, park). In diesem Fall ist der Buchstabe ‚r' im British English kaum zu hören, da die Betonung auf dem Vokal liegt. Lediglich als erster Laut ist das ‚r' beim British English klar vernehmlich.

Die Amerikaner sprechen das ‚t' eher wie ein ‚d' aus, z. B. wird das Wort ‚Wasser' im American English wie ‚wader' anstatt wie ‚water' ausgesprochen, während bei den Briten das ‚t' deutlich hörbar ist.

Da es bei der Aussprache Unterschiede gibt, sollten Sie Nachrichten, Filme oder Serien in beiden Sprachvarianten anschauen.

Um die Unterschiede in der Aussprache deutlich zu machen, wird der folgende Text sowohl im britischen als auch im amerikanischen Englisch vorgelesen. Hören Sie aufmerksam zu und achten Sie auf die Unterschiede zwischen den beiden Varianten der englischen Sprache.

In the office, where productivity reigned supreme, a mysterious memo appeared on everyone's desks. It stated that a „Dress as Your Favorite Superhero" day would be held the following week. Excitement filled the air as colleagues brainstormed their alter egos. On the designated day, the office transformed into a colorful and eccentric world. Clark from accounting became „Calculator Man," wielding spreadsheets as his superpower. Linda, the receptionist, donned a cape as „Coffee Avenger," bringing java justice to all. The CEO, not to be outdone, surprised everyone as „Captain Conference Call," armed with a headset and a power pose. Laughter echoed throughout the day, proving that even superheroes need a break from saving the world.

9.1.2 UNTERSCHIEDE IN DER GRAMMATIK

UNTERSCHIED	AMERICAN ENGLISH	BRITISH ENGLISH	DEUTSCH
Das Partizip Perfekt von ‚to get' unterscheidet sich.	get | got | gotten	get | got | got	bekommen | bekam | bekommen
Sammelnomen wie z. B. ‚team' können im British English im Plural stehen.	The team is good.	The team are good.	Das Team ist gut.
Verwendung der Gegenwartsform des Verbs ‚to have'	I have a car.	I have got a car.	Ich habe ein Auto.
Verwendung des Perfekt.	I just arrived.	I've just arrived.	Ich bin gerade angekommen.
Bei Präpositionen gibt es ebenfalls Unterschiede.	on the weekend	at the weekend	am Wochenende

9.1.3 UNTERSCHIEDLICHE SCHREIBWEISEN

Die meisten Unterschiede zwischen dem amerikanischen und dem britischen Englisch zeigen sich in der Schreibweise.

UNTERSCHIEDE	[US-Flagge]	[UK-Flagge]
[AE] verwendet oft die Schreibweise mit dem Buchstaben ‚o', während [BE] die Buchstabenkombination ‚ou' gebraucht.	color, honor	colour, honour
[AE] gebraucht bei vielen Wörtern die Endung ‚-ize', während [BE] die Endung ‚-ise' bevorzugt.	organize, recognize	organise, recognise
Im [AE] wird in einigen Fällen ein Konsonant verdoppelt, wenn er vor einem Suffix steht, während dies im [BE] nicht immer der Fall ist.	traveling, canceled	travelling, cancelled
[AE] verwendet oft die Endung ‚-er', während [BE] ‚-re' bevorzugt.	theater, meter, center	theatre, metre, centre
Im [AE] gibt es Wörter mit der Endung ‚-og'. Dieselben Wörter enden im [BE] auf ‚-ogue'.	dialog, catalog	dialogue, catalogue
[AE] nutzt oft die Schreibweise mit dem Buchstaben ‚e', während [BE] ‚ae' verwendet.	maneuver, encyclopedia	manoeuvre, encyclopaedia
[AE] nutzt oft die Schreibweise mit dem Buchstaben ‚yze', während [BE] die Buchstabenkombination ‚yse' verwendet.	analyze, paralyze	analyse, paralyse

Diese Unterschiede prägen die Art und Weise, wie Menschen in den USA und in Großbritannien kommunizieren und können zuweilen zu Verständnisproblemen führen, wie die folgende Vokabeltabelle beweist. Die Beispielpaare der

Wörter zeigen die verschiedenen Bezeichnungen im American English und British English. Diese Liste mit einer Auswahl an Begriffen veranschaulicht die Vielfalt der englischen Sprache.

[AE]	[BE]	DEUTSCH
apartment	flat	Wohnung
attorney	solicitor	Rechtsanwalt
bill	iInvoice	Rechnung
boardroom	meeting room	Konferenzraum/ Sitzungszimmer
check	cheque	Scheck
elevator	lift	Aufzug
exhibit	exhibition	Ausstellung
fall	autumn	Herbst
mail	post	Post
realtor	estate agent	Immobilienmakler
resume	CV (Curriculum Vitae)	Lebenslauf
salesperson	sales representative	Vertriebsmitarbeiter/ Verkäufer
schedule	timetable	Zeitplan/Fahrplan
stockholder	shareholder	Aktionär
team	staff	Team/Mitarbeiter
vacation	holiday	Urlaub/Ferien
warranty	guarantee	Garantie/Gewährleistung

9.2 KULTURELLE BESONDERHEITEN

Einen Kulturschock werden Sie weder in Großbritannien noch in den USA erleben. Trotzdem sollten Sie die wichtigsten kulturellen Besonderheiten kennen, um bei geschäftlichen Angelegenheiten einen guten Eindruck zu hinterlassen. Einige bemerkenswerte Unterschiede lesen Sie nachfolgend.

SPRACHE

Obwohl sowohl die USA als auch Großbritannien Englisch als Muttersprache verwenden, gibt es Unterschiede in der Aussprache, Grammatik, Schreibweise und dem Vokabular.

ESSEN UND TRINKEN

Beide Länder haben ihre eigenen kulinarischen Traditionen. Die amerikanische Küche ist oft durch verschiedene Kulturen geprägt und umfasst Gerichte wie Burger, Pizza und Tex-Mex. Britisches Essen kann traditioneller sein und beinhaltet Gerichte wie Fish and Chips, Sunday Roast und Yorkshire Pudding.

TEEKULTUR

Tee spielt eine wichtige Rolle in der britischen Kultur und wird häufig mit bestimmten Traditionen wie dem Afternoon Tea und der Verwendung spezieller Teekannen und Teetassen assoziiert. In den USA ist Kaffee beliebter und wird lieber konsumiert.

FEIERTAGE

Beide Staaten haben nationale Feiertage, aber ihre Traditionen und Bedeutungen sind unterschiedlich. Z. B. wird der 4. Juli in den USA als Unabhängigkeitstag gefeiert, in Großbritannien gibt es keinen vergleichbaren Feiertag. Die Bonfire Night hingegen wird nur in Großbritannien gefeiert.

SPORT

Während sowohl die USA als auch Großbritannien eine Vielzahl an Sportarten betreiben und lieben, gibt es einige Unterschiede in den bevorzugten Sportarten. In den USA sind Sportdiziplinen wie American Football, Baseball und Basketball beliebt, während in Großbritannien Fußball, Rugby und Cricket populärer sind.

UMGANGSFORMEN

Es existieren ebenfalls Unterschiede in den sozialen Umgangsformen zwischen den beiden Ländern. Amerikaner zeichnen sich durch ihre offene und freundliche Art aus, während Briten oft als zurückhaltend und formell wahrgenommen werden. Des Weiteren gibt es Unterschiede in der Verwendung von Grüßen und Höflichkeitsformen.

Diese Punkte gibt einen Einblick in einige der kulturellen Besonderheiten zwischen den USA und Großbritannien. Es ist wichtig zu beachten, dass es innerhalb jedes Landes ebenfalls regionale Unterschiede geben kann, die die Kultur beeinflussen.

10

UMGANGSFORMEN IN ENGLISCHSPRACHIGEN LÄNDERN

Beim Business Englisch geht es nicht nur darum, möglichst viele Vokabeln zu kennen. Geschäftsvokabular ist äußerst hilfreich, aber die Gepflogenheiten in englischsprachigen Ländern sollte man nicht außer Acht lassen, damit ein guter Eindruck zurückbleibt. Im Folgenden wird über die Umgangsformen in Großbritannien und den USA berichtet.

10.1 REIHENFOLGE BEI DER BEGRÜẞUNG

Wer wird im Geschäftsleben zuerst begrüßt? Diese Frage lässt sich gar nicht so leicht beantworten, denn es kommt immer auf die Situation an. Letztendlich müssen Sie innerhalb weniger Sekunden eine Entscheidung treffen, sobald Sie einen Raum betreten. Unabhängig von Hierarchien sollten Sie eine allgemeine Begrüßung an alle Anwesenden richten, sobald Sie eintreten.

Danach begrüßen Sie als Erstes den*die Gastgeber*in und bedanken sich für die Einladung. Sollte es keine*n Gastgeber*in geben, begrüßen Sie zuerst die Person oder die Personen, die Sie kennen. Diese werden Sie anschließend den anderen Anwesenden vorstellen. Die ranghöchste Person genießt selbstverständlich Priorität. Gibt es keine eindeutige Zuordnung und kein klares Vorgehen, müssen Sie die anwesenden Personen der Reihe nach begrüßen. Dabei ist es sinnvoll, den eigenen Namen zu wiederholen.

10.2 KNIGGE-REGELN BEI VERHANDLUNGEN

Bei Verhandlungen gelten einige Verhaltensregeln, die sie unbedingt berücksichtigen sollten. Es macht durchaus einen Unterschied, ob ein Meeting in Großbritannien oder den USA stattfindet.

Direktheit: US-Amerikaner sind in der Regel direkt und offen in ihrer Kommunikation. Klare und präzise Aussagen werden geschätzt.	**Höflichkeit**: Briten legen Wert auf höfliche und respektvolle Umgangsformen. Förmliche Ausdrücke und Small Talk zu Beginn sind üblich.
Offenheit und Direktheit: US-amerikanische Geschäftsleute neigen dazu, ihre Meinungen und Bedenken offen auszudrücken. Konflikte werden direkt angesprochen und diskutiert.	**Indirektheit**: Briten verwenden oft indirekte Sprache und Umschreibungen. Sie sollten zwischen den Zeilen lesen und auf Nuancen achten.

Informalität: In vielen Geschäftssituationen sind informelle Kleidung und eine lockere Atmosphäre akzeptabel. Eine etwas lässigere Hierarchie wird erwartet.	**Konservative Kleidung**: In formellen Geschäftssituationen ist konservative Kleidung angemessen. Das Erscheinungsbild sollte professionell und gepflegt sein.
Zeitmanagement: Pünktlichkeit ist wichtig. Es wird erwartet, dass Verhandlungen gemäß dem vereinbarten Zeitplan stattfinden.	**Pünktlichkeit**: Pünktlichkeit wird groß geschrieben, aber ein kleiner Spielraum von wenigen Minuten wird toleriert.
Verhandlungsstil: Wettbewerbsorientierung und Verhandlungsgeschick sind häufig anzutreffen. Verhandlungen können dynamisch und fordernd sein.	**Zurückhaltung und Respekt**: Briten sind oft zurückhaltend und achten darauf, anderen Raum und Zeit zum Sprechen zu lassen. Unterbrechungen oder laute Gespräche werden als unhöflich angesehen. Es wird erwartet, dass man andere Meinungen respektiert und höflich zuhört.
Geschäftlicher Fokus: US-Verhandlungen sind oft auf das Geschäftliche ausgerichtet. Wichtig ist die Konzentration auf Fakten, Zahlen und den Nutzen für beide Seiten.	**Beziehungsaufbau**: Beziehungen sind wichtig. Nehmen Sie sich Zeit für Small Talk und bauen Sie eine persönliche Ebene auf, bevor Sie zum Geschäftlichen übergehen.
Präsentation von Erfolgen: US-amerikanische Geschäftsleute sind oft stolz auf ihre Erfolge und neigen dazu, diese selbstbewusst zu präsentieren. Erfolge und Referenzen werden häufig betont.	**Kompromissbereitschaft**: Britische Geschäftsleute bevorzugen oft einen kompromissorientierten Ansatz. Die Erarbeitung einer gemeinsamen Lösung wird geschätzt und als Zeichen des Respekts betrachtet.

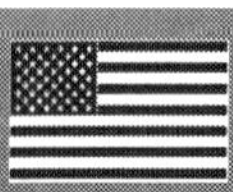	
Schnelligkeit: Geschäftsverhandlungen können in den USA oft schnell voranschreiten. Entscheidungen werden in der Regel zeitnah erwartet.	**Langsame Entscheidungsfindung**: Geschäftsentscheidungen können in Großbritannien länger dauern, da Wert auf gründliche Analyse und Konsensbildung gelegt wird.

Diese Unterschiede in den Verhandlungsstilen spiegeln die jeweiligen kulturellen Normen und Geschäftspraktiken wider. Es ist wichtig, sich dieser Unterschiede bewusst zu sein und sie in den Verhandlungen angemessen zu berücksichtigen, um eine effektive Kommunikation und Zusammenarbeit zu fördern.

10.3 ESSKULTUR IN GROSSBRITANNIEN UND DEN USA

Bevor näher auf die Esskultur der englischsprachigen Länder eingegangen wird, soll erwähnt werden, dass Trinkgeld in den USA ein Muss ist. Bei einem Geschäftsessen muss der Bedienung ein Trinkgeld gegeben werden, sonst erwecken Sie ungeachtet Ihres kulturellen Hintergrunds einen schlechten Eindruck. Ferner ist es unüblich, eine Rechnung getrennt zu bezahlen, da die Bedienung wahrscheinlich nicht einmal weiß, wer welche Bestellung aufgegeben hatte.

Abgesehen davon ist die Esskultur der Amerikaner*innen nicht kompliziert. Nahezu jede*r Amerikaner*in liebt ein Frühstück mit deftigen und süßen Speisen. Das Mittagessen ist hingegen nicht so wichtig. Den meisten Amerikaner*innen genügt bereits ein Sandwich auf einer Parkbank. Anders sieht es beim Abendessen aus, denn am Abend ist meistens die Zeit, die man für ein gemeinsames Essen mit der Familie nutzt. Daher liegen viele Amerikaner*innen nach Feierabend Wert darauf, möglichst schnell nach Hause zu kommen. Das sollten Sie für geschäftliche Situationen stets respektieren.

Wie in den USA nimmt das Frühstück auch in Großbritannien einen großen Stellenwert ein. Nicht ohne Grund ist das reichhaltige englische Frühstück weit über die Landesgrenzen hinweg bekannt. Black Pudding, Bohnen, Eier, gebratene Tomaten und Würstchen sind eine beliebte Auswahl. Der einzige Haken ist, dass die Zubereitung eines so reichhaltigen Frühstücks aufwändig ist und viel Zeit erfordert. Daher gibt es viele Brit*innen, die sich entweder für ein schnelles Frühstück entscheiden oder ihr Frühstück in einem Café einnehmen. Noch wichtiger als das Frühstück ist die ‚Tea Time', da Tee als das Nationalgetränk der Briten gilt. Der typische ‚Afternoon Tea' wird zwischen drei und fünf Uhr nachmittags serviert.

10.4 UNTERHALTUNGEN IN DER KAFFEEKÜCHE

In Deutschland ist es ganz normal, sich mit seinen Kolleg*innen in der Kaffeeküche zu unterhalten. In den USA ist die Situation nicht viel anders und selbst kurze Gespräche am Wasserspender sind gern gesehen. Tatsächlich gibt es für eine Konversation am Wasserautomaten sogar eine eigene Bezeichnung, die sog. ‚water cooler conversations'. Viele Unternehmen sehen kurze Diskussionen unter Kolleg*innen als eine gute Sache. Sie verbessern schließlich die Arbeitsatmosphäre und tragen zu mehr Zusammenhalt bei.

10.5 CASUAL FRIDAY

In einigen Unternehmen können die Dresscodes ziemlich streng sein. Gerade in Großbritannien gibt es kaum ein Büro, in dem Alltagskleidung erlaubt ist und auch in den USA ist ein formeller Stil üblich. Allerdings gibt es Ausnahmen, denn der Casual Friday ist in den USA als auch in Großbritannien bekannt und verbreitet. Casual Friday bedeutet, dass der Dresscode am Freitag gelockert wird.

Polohemd oder Hemd: Tragen Sie ein Polohemd oder ein kragenloses Hemd, um einen gepflegten, aber dennoch lässigen Look zu erzielen. Langärmelige Hemden können auch eine gute Wahl sein, aber für einen lockeren Freitagslook könnten Sie möglicherweise die Ärmel hochrollen.

Freizeithosen: Stoffhosen, Chinos oder khakifarbene Hosen sind eine gute Wahl für Casual Friday. Vermeiden Sie Jeans, es sei denn, Ihr Unternehmen erlaubt sie ausdrücklich.

Jeans: Wenn Ihr Unternehmen Jeans erlaubt, können Sie an Casual Friday eine dunkle, gut sitzende Jeans tragen. Achten Sie darauf, dass sie keine Löcher oder Risse hat.

Schuhe: Tragen Sie bequeme, aber gepflegte Schuhe wie Loafers, Slipper, Chukka-Stiefel oder saubere Turnschuhe (keine Sportschuhe).

Accessoires: Weniger ist oft mehr, aber Sie können Ihren Look mit dezenten Accessoires wie einer schicken Uhr, einer Halskette oder einem Armband aufpeppen. Achten Sie darauf, dass es nicht zu auffällig oder unangemessen ist.

Jacke oder Strickjacke: Wenn es in Ihrem Büro etwas kühler ist oder Sie Ihrem Outfit eine gewisse Raffinesse verleihen möchten, können Sie eine leichte Jacke oder eine Strickjacke tragen.

Vermeiden Sie zu leger: Obwohl Casual Friday eine entspannte Kleiderordnung bedeutet, sollten Sie dennoch vermeiden, zu leger oder unprofessionell auszusehen. Vermeiden Sie zerrissene Kleidung, Sportbekleidung, Flip-Flops und zu freizügige Outfits.

"These informal meetings have become *really* informal."

10.6 ZÜGIGE KOMMUNIKATION BEI E-MAILS UND TELEFONATEN

In den meisten englischsprachigen Regionen wird zügige Kommunikation in E-Mails und Telefonaten im Allgemeinen als wichtig erachtet. Sowohl in Großbritannien als auch in den USA gibt es eine geschäftliche Kultur, die Wert auf Effizienz und Professionalität legt.

Es wird erwartet, dass E-Mails und Telefonate schnell beantwortet werden, insb. im geschäftlichen Kontext. Eine verzögerte Antwort kann als mangelndes Engagement oder Desinteresse interpretiert werden. In einigen Branchen oder

Unternehmen kann eine sofortige Reaktion sogar als ungeschriebenes Gesetz gelten. Es ist üblich, innerhalb von 24 bis 48 Stunden zu antworten, je nach Dringlichkeit der Nachricht.

Wichtig sind auch sog. Follow-up-E-Mails, um sich bspw. für eine Einladung zu bedanken oder die Ergebnisse eines Meetings zusammenzufassen. Seine*n Gesprächspartner*in zu ignorieren, ist ein Tabu.

10.7 NETWORKING ZUM AUFBAU DER GESCHÄFTSBEZIEHUNGEN

Es ist üblich, dass Geschäftsbeziehungen aus halbprivaten oder privaten Kontakten entstehen, was man mit dem Begriff ‚Networking' beschreibt. Beim Networking gibt es unterschiedliche Praktiken, die alle dasselbe Ziel, den Aufbau der Geschäftskontakte, haben. Neben traditionellen Geschäftsessen eignet sich eine Cocktailparty oder ein Frühstück, um Kontakte zu potenziellen Geschäftspartner*innen zu knüpfen. Theoretisch muss es aber nicht immer nur um Essen gehen. Selbst ein geschäftlicher oder kultureller Vortrag bietet sich an. In jedem Fall sollten Sie beim Networking nie auf einen schnellen Fortschritt drängen. Seien Sie geduldig und schauen Sie nach gemeinsamen Interessen, denn nicht immer sind in der Geschäftswelt Partner*innen füreinander bestimmt.

10.8 PRIVATE BEZIEHUNGEN ZU KOLLEG*INNEN UND VORGESETZTEN

An sich sind private Beziehungen zu Kolleg*innen und Vorgesetzten weder in Großbritannien noch in den USA problematisch. Aber obwohl höfliche Umgangsformen an den

Tag gelegt werden, heißt das noch lange nicht, dass Sie mit einer anderen Person befreundet sind. Sie sollten bspw. nie Ihren Chef zu einem gemeinsamen Essen einladen. Auch bei Kolleg*innen mit einer höheren Funktion oder Vorgesetzten darf die Einladung nicht von Ihnen kommen. Anders sieht es bei gleichrangigen Kolleg*innen aus. Eine Verabredung zum gemeinsamen Essen ist normal. Private Probleme sollten in der Arbeitswelt nur dann ein Gesprächsthema darstellen, wenn Sie schon lange mit einer bestimmten Person befreundet sind.

10.9 UMGANG MIT SMARTPHONES

Smartphones sind aus unserem alltäglichen Leben nicht mehr wegzudenken. Sie werden für die unterschiedlichsten Dinge, wie z. B. Informationsbeschaffung, Kommunikation und Unterhaltung, genutzt. Allerdings gibt es Situationen, in denen man auf gar keinen Fall auf sein Smartphone schauen sollte, bspw. in einem Geschäftsmeeting. Schalten Sie Ihr Smartphone vor dem Treffen aus, denn so lassen sich unangenehme Situationen im Vorhinein vermeiden.

11

KOMMUNIKATIONSREGELN IM BUSINESS ENGLISCH

Kommunikationsregeln gelten sowohl in alltäglichen als auch geschäftlichen Situationen, aber bei Letzteren sind sie von höherer Relevanz. Oft geht es schließlich nicht nur um den eigenen Ruf, sondern auch den der Firma. Daher ist es ein Muss, die wichtigsten Kommunikationsregeln im Business Englisch zu kennen. Die folgenden Kapitel zeigen Ihnen, wie Sie richtig ‚Nein' sagen, höflich Fragen stellen und einen professionellen Eindruck erwecken.

11.1 ABSAGEN UND NEGIERUNGEN

Niemand sagt gern ‚Nein!', insb. im Geschäftsalltag. Etwas abzulehnen, sein Missfallen zum Ausdruck zu bringen oder etwas zu missbilligen, braucht den richtigen Ausdruck in der kniffligen Situation. Die Nichtbenutzung des Worts ‚nein' bzw. ‚no' ist im Business Englisch weit verbreitet. Anstatt das eigentliche Wort zu verwenden, nutzen Geschäftsleute gern

Negationswörter. Im Englischen sind folgende Negationswörter üblich:

- neither
- never
- none
- not
- nothing

Es macht einen Unterschied, wie Sie eine Absage, Ablehnung oder Verneinung begründen, da Begründungen immer höflich und notwendig sind. Hierfür bietet sich u. a. das Verb ‚to be able' an. Nicht weniger wichtig ist eine angemessene Entschuldigung.

HÖFLICH ABSAGEN	
I'm sorry, but I won't be able to do that, because I have a meeting later.	Es tut mir leid, aber das kann ich nicht tun, weil ich später einen Termin habe.
I'm sorry, but there's nothing I can do, because I'm not authorized to do that.	Es tut mir leid, aber ich kann nichts tun, weil ich nicht dazu befugt bin.
I appreciate the offer, but unfortunately, I won't be able to.	Ich schätze das Angebot, aber leider bin ich verhindert.
Thank you for thinking of me, but I'm afraid I have to decline.	Danke, dass du an mich gedacht hast, aber leider muss ich ablehnen.

HÖFLICH ABSAGEN	
I'm sorry, but I have other commitments at that time.	Es tut mir leid, aber ich habe andere Verpflichtungen zu dieser Zeit.
I'd love to help, but I'm already swamped with prior engagements.	Ich würde gern helfen, aber ich bin bereits mit anderen Verpflichtungen überlastet.
I wish I could, but it's just not possible for me right now.	Ich wünschte, ich könnte, aber es ist gerade nicht möglich für mich.
I'm grateful for the opportunity, but I have to respectfully decline.	Ich bin dankbar für die Gelegenheit, aber ich muss höflich ablehnen.
Thanks for considering me, but I have to say no this time.	Danke, dass du an mich gedacht hast, aber diesmal muss ich ‚Nein' sagen.
I appreciate your invitation, but I'm unable to attend.	Ich schätze deine Einladung, aber ich kann nicht teilnehmen.
I regretfully have to decline your kind offer.	Bedauerlicherweise muss ich Ihr freundliches Angebot ablehnen.

Eine Möglichkeit ist ebenso die Verwendung des Worts ‚however'.

That sounds great, however ...
Das klingt toll, aber ...

11.2 HÖFLICHE FRAGESTELLUNGEN

Im Englischen stellt man höfliche Fragen durch die Nutzung der Modalverben ‚können', ‚würden' und ‚dürfen' bzw. ‚could', ‚would' und ‚may'. Wenn es passt, sollte das Wort ‚please' am Ende des Satzes nicht fehlen.

HÖFLICH FRAGEN	
Could you repeat that, please?	Könnten Sie das bitte wiederholen?
Would you mind repeating that, please?	Würden Sie das bitte wiederholen?
May I ask a question, please?	Darf ich bitte eine Frage stellen?
Do you think I/you could ...?	Glauben Sie, ich/du/Sie *könnte*/n/st ...?
Could I possibly ...?	Könnte ich vielleicht ...?
Would you mind if I ...?	Würde es Ihnen etwas ausmachen, wenn ich ...?
Could you please provide me with some more information?	Könnten Sie mir bitte weitere Informationen geben?
Is it possible to extend the deadline?	Ist es möglich, die Frist zu verlängern?
Would you be able to help me with this task?	Könnten Sie mir bei dieser Aufgabe helfen?

HÖFLICH FRAGEN	
Could you pass me that document, please?	Könnten Sie mir bitte das Dokument reichen?
Would you mind passing me that document, please?	Würden Sie mir bitte das Dokument reichen?

Hinweis:
Das Verb ‚to give' sollten Sie bei höflichen Fragen vermeiden. Gerade im Geschäftsleben ist das Verb ‚to pass' angebracht.

11.3 PROFESSIONELLER AUFTRITT

Ob man im Geschäftsleben professionell auftritt, hängt von unterschiedlichen Faktoren ab. Nachfolgende Verhaltensweisen seien Ihnen ans Herz gelegt.

- Antworten Sie auf ein Danke immer mit ‚My pleasure.' oder ‚You're welcome.'
- Formulieren Sie Fragen stets höflich
- Zeigen Sie sich auf keinen Fall überheblich
- Nutzen Sie bei Absagen, Ablehnung oder Verneinung nicht direkt das Wort ‚Nein!'
- Pflegen Sie Geschäftskontakte mit Höflichkeitsanrufen
- Seien Sie zu regulären Zeiten konstant erreichbar
- Stellen Sie sich jederzeit mit Vor- und Nachnamen vor
- Vermeiden Sie harte Satzanfänge wie ‚I/You need/must/want …"
- Verzichten Sie bei Verständnisproblemen auf die Nachfrage mit dem Wort ‚what'
- Zeigen Sie dauerhaft Interesse an Ihrem*r Gesprächspartner*in

In englischsprachigen Ländern sind Höflichkeitsanrufe bzw. ‚courtesy calls' weit verbreitet. Sie dienen der Pflege der Geschäftskontakte.

Good morning/afternoon/evening, this is just a short courtesy call to check if everything is okay.

Guten Morgen/Tag/Abend, dies ist nur ein kurzer Höflichkeitsanruf, um zu prüfen, ob alles in Ordnung ist.

Es kann natürlich passieren, dass Sie am Anfang in das ein oder andere Fettnäpfchen treten. Lassen Sie sich dennoch nicht entmutigen, sondern arbeiten Sie an Ihren Kenntnissen, Ihrer Eloquenz und Ihrem Verhalten. Früher oder später werden Sie alle Gepflogenheiten des Geschäftslebens kennen.

11.4 ENTSCHÄRFUNG VON AUSSAGEN

Bei einer Gehaltsverhandlung, einem Geschäftsessen oder in der Kundenbetreuung kann es zu Konflikten kommen. Problematisch ist es dann, wenn man versehentlich etwas Unangebrachtes sagt. Im geschäftlichen Kontext könnte die direkte Kritik, eine zu persönliche Frage oder eine politisch inkorrekte Aussage sein. Wenn Sie eine unglückliche Feststellung rechtzeitig bemerken, können Sie die Brisanz der Situation entschärfen, allerdings es mit einem einfachen ‚Sorry!' nicht getan.

AUSSAGEN ENTSCHÄRFEN	
I can only apologize for this situation.	Ich kann mich für diese Situation nur entschuldigen.
I'm very sorry for the inconvenience caused.	Ich bedaure die entstandenen Unannehmlichkeiten sehr.

AUSSAGEN ENTSCHÄRFEN	
I deeply regret the mistake and any negative impact it may have had.	Ich bedaure den Fehler und die eventuellen negativen Auswirkungen zutiefst.
I'm very sorry for ...	Mir tut wegen ... sehr leid.
I would like to offer my sincerest apologies for the mistake and assure you that it won't happen again.	Ich möchte mich aufrichtig für den Fehler entschuldigen und Ihnen versichern, dass so etwas nicht noch einmal vorkommen wird.
I apologize for any inconvenience caused by my error.	Ich entschuldige mich für etwaige Unannehmlichkeiten, die durch meinen Fehler verursacht wurden.

In geschäftlichen Situationen werden sich alle Parteien darum bemühen, dass alles möglichst positiv abläuft. Daher sind viele Geschäftsleute zumindest bei kleinen Verfehlungen nicht allzu nachtragend. Wichtig ist nur, dass Sie sich umgehend entschuldigen und die negativen Belange aus der Welt schaffen. Wenn Sie es ernst meinen, muss eine unangebrachte Aussage nicht das Ende der Geschäftsbeziehung bedeuten.

12

BEWERBUNGEN

Wenn Sie eine internationale Karriere anstreben, sollten Sie wissen, wie Sie eine Bewerbung auf Englisch verfassen. Im Grunde ist die Verschriftlichung nicht so schwer, aber es gibt einige Unterschiede und Besonderheiten zu bedenken.

12.1 AUFBAU EINES ENGLISCHEN ANSCHREIBENS

Der größte Unterschied zwischen dem deutschen und dem englischen Anschreiben liegt im Layout.

- Der*Die Absender*in steht im englischen Anschreiben oben rechts, im deutschen oben links.
- Das Datum wird auf der linken Seite angegeben.
- Die Datumsangabe beinhaltet keine Ortsangabe.
- Der*Die Empfänger*in wird mit Adressdaten unter dem Datum angegeben.

Bei der Anrede sollten Sie unbedingt auf eine generische Anrede verzichten. Suchen Sie den*die Ansprechpartner*in aus der Stellenanzeige oder der Website des Unternehmens heraus.

Nach der Anrede folgt die Einleitung. Hier geben Sie an, wo Sie die Stellenanzeige gefunden haben und wieso Sie sich für den Job eignen. Die Einleitung sollte etwa ein Drittel des Anschreibens umfassen.

Nach der Einleitung folgt der Hauptteil, in dem Sie in interessanten Argumenten Ihre Vorzüge und Eignung beschreiben. Sie können über Ihre Leistungen bei der aktuellen oder ehemaligen Position berichten.

Am Schluss verweisen Sie auf die Anhänge und bitten um eine Einladung zum Vorstellungsgespräch.

12.2 ANSCHREIBEN (BEISPIEL)

Absender oben rechts oder mittig { Max Mustermann
Musterstraße 123
12345 Musterstadt

Sep 4, 2023 } Datum ohne Ortsangabe

Doe Ltd.
Jane Doe
123 Doe Street
Anytown, USA

Dear Ms. Doe } an Person xy gerichtet (keine generische Anrede)

Application as PR Manager

I am writing to express my great interest in the PR Manager position as advertised on the website of Doe Ltd., as my experiences and abilities meet your requirements. Please allow me to introduce myself and explain my skills and how they will benefit your company.

I recently graduated from Musterstadt University with a Master's degree in PR Management and Journalism. I'm ambitious and would like to gain practical experience in an internationally reputable company as Doe Ltd. During my studies at Musterstadt University, I had the opportunity to participate in a 6-month-internship with the PR department at Mustermann GmbH. As you will learn from my CV, my personal and professional qualifications appear to be well suited for the position's requirements:

- Carrying out analysis
- Developing marketing communications plans
- Developing media relations strategies
- Publishing on social media channels Supporting PR senior personnel

As a detail oriented person with strong communication skills, I am sure that I will prove an asset to your team. Even under pressure I can easily maintain high standards and I am motivated to take on new responsibilities.

I am available at your convenience and hope to hear from you soon.

Sincerely,

Max Mustermann

12.3 AUFBAU DES LEBENSLAUFS

Der Lebenslauf im Englischen heißt ‚Curriculum Vitae' oder abgekürzt ‚CV'. Der Begriff wird häufig als Synonym zum deutschen Lebenslauf verwendet, was nicht zu 100 % richtig ist, da die beiden Lebensläufe einige Unterschiede aufweisen. Zwar bezeichnet der ‚Lauf des Lebens' dasselbe wie ein tabellarischer Lebenslauf, aber inhaltlich gibt es Besonderheiten. Ein Lebenslauf im Englischen sollte folgende Dinge enthalten:

Professional career	Berufliche Laufbahn
Education and training	Bildung und Ausbildung
Skills	Fähigkeiten
Contact details	Kontaktdaten
Objective	Zielsetzung
Personal profile	Persönliches Profil
References	Referenzen

Bei der Zielsetzung ‚Objective' schreiben Sie in wenigen Sätzen, warum Sie eine bestimmte Position anstreben. Das ‚Personal profile' ist eine optionale Angabe, dient aber der Selbstvorstellung und wird gerade im US-amerikanischen Raum, in dem es weit persönlicher zugeht, gern gesehen. Bei den ‚References' handelt es sich um ehemalige Kolleg*innen und Vorgesetzte, die auf Nachfrage über Sie sprechen können. Wählen Sie ausschließlich Personen, die eine positive Meinung von Ihnen haben.

12.3.1 DOS AND DON'TS BEIM LEBENSLAUF

Ein englischer Lebenslauf unterscheidet sich sehr stark von einem deutschen. Die nachfolgende Tabelle wirft einen Blick auf die wichtigsten Dos and Don'ts.

DOS	DON'TS
Beginnen Sie mit einer aussagekräftigen Lebenslaufüberschrift, die Ihren Namen, Ihre Kontaktinformationen und Ihre Berufsbezeichnung enthält.	Übertreiben Sie nicht und verwenden Sie nicht zu viele Fachbegriffe. Halten Sie den Lebenslauf knapp und verständlich.
Verwenden Sie eine klare und professionelle Formatierung mit übersichtlichen Abschnitten und einer einheitlichen Schriftart.	Verwenden Sie keine informellen Ausdrücke oder Abkürzungen. Schreiben Sie formell und präzise.
Fügen Sie ein prägnantes Resümee oder ein Karriereziel hinzu, um Ihre Ziele und Qualifikationen zusammenzufassen.	Listen Sie keine persönlichen Informationen wie Familienstand, Geburtsdatum oder Religion auf. Solche Informationen sind in einem englischen Lebenslauf nicht gängig.
Geben Sie einen detaillierten Überblick über Ihre Berufserfahrung, einschließlich Ihrer Aufgaben, Erfolge und Verantwortlichkeiten.	Fügen Sie kein Foto hinzu, es sei denn, dies wird ausdrücklich verlangt. In den meisten englischsprachigen Ländern ist ein Foto im Lebenslauf nicht üblich.

DOS	DON'TS
Listen Sie Ihre Ausbildung chronologisch auf, beginnend mit der aktuellsten.	Vermeiden Sie übermäßig komplexe oder dekorative Formatierungen. Ein schlichtes Design ist am besten.
Fügen Sie relevante Fähigkeiten und Kompetenzen hinzu, die für die angestrebte Stelle wichtig sind.	Überschreiten Sie die empfohlene Länge von ein bis zwei Seiten nicht.
Vervollständigen Sie die Angaben durch Zertifizierungen, Fortbildungen oder Auszeichnungen, die Ihre Fähigkeiten und Leistungen unterstreichen.	Benutzen Sie keine allgemeinen Phrasen. Geben Sie spezifische Beispiele und umgehen Sie überstrapazierte Ausdrücke (z. B. Teamplayer, kreativ).
Ergänzen Sie ehrenamtliche Tätigkeiten oder gemeinnützige Arbeit, um Ihr soziales Engagement zu demonstrieren.	Listen Sie keine unbedeutenden oder irrelevanten Erfahrungen auf, die nicht mit der angestrebten Stelle zusammenhängen.
Überprüfen Sie Ihre Rechtschreibung und Grammatik sorgfältig, um Fehler zu vermeiden.	Gebrauchen Sie keine falschen Informationen und übertreiben Sie Ihre Qualifikationen nicht. Seien Sie ehrlich und transparent.
Geben Sie Referenzen statt Zeugnisse an.	

Beachten Sie diese Dos and Don'ts, um einen professionellen, englischen Lebenslauf zu erstellen. Es ist ebenso wichtig, sich an die traditionellen Standards und Konventionen des jeweiligen Landes oder Unternehmens zu halten, für das Sie sich bewerben.

12.3.2 UNTERSCHIEDE IM AMERIKANISCHEN UND BRITISCHEN LEBENSLAUF

Bei Bewerbungen auf Englisch gibt es kleine Unterschiede zwischen dem amerikanischen und britischen Lebenslauf.

- Alle Personen, die als Referenzen in Ihrer Bewerbung angegeben werden, heißen in britischen Lebensläufen ‚referees', in amerikanischen Lebensläufen sind es ‚references'.
- Bei britischen Lebensläufen stehen die Anreden ‚Mr', ‚Mrs' und ‚Ms' ohne Punkt und am Ende der Anreden wird ein Komma gesetzt. Im amerikanischen Lebenslauf steht nach den Anreden ein Punkt (‚Mr.', ‚Mrs.' und ‚Ms.') und am Ende folgt ein Doppelpunkt.
- Das Datum im britischen Lebenslauf hat dasselbe Format wie das deutsche mit TT/MM/JJJJ. Im amerikanischen Lebenslauf steht der Monat vor dem Tag mit MM/TT/JJJJ.
- Im britischen Lebenslauf geben Sie im Gegensatz zum amerikanischen sowohl Ihr Geburtsdatum als auch Ihre Nationalität an.

12.3.3 ENGLISCHER LEBENSLAUF (BEISPIEL)

ERIKA MUSTERMANN
PROJECT MANAGER

+ 12 345 678
youremail@gmail.com
Musterstr. 23
33333 Berlin
Germany

PROFILE SUMMARY	Experienced PR project manager with 5 years of experience, focus on customer management. Successfully managed a team of 3 PR specialists. Conducted social media campaigns, resulting in a 30 % increase in sales. Motivated to work as a senior manager at Doe Ltd.
WORK EXPERIENCE	PR Project Manager 2018–current Managed a team of 3 PR specialists working for German and Swiss customers. Conducted social media campaigns, resulting in a 30 % increase in sales. Completed 98 % of tasks on time and 96 % within budget. Trained staff on newly introduced PR software.
EDUCATION	Uni Leipzig (Leipzig) 2015–2018 Communication Management (M.A.) WH - Westfälische Hochschule 2012–2015 Journalism & Public Relations (B.A.)

SKILLS	Languages: Native in German, Fluent in English • Leadership: Experienced in leading a team of 3 PR experts. • Project Management: Timely delivery within the budget. • PR Projects: Supervised the whole lifecycle of PR projects. • Requirement analysis, budgeting, social media marketing.
REFERENCES	Mr. Jan Müller Advertising Director Mustermann GmbH Berlin, 45678 Tel: +49 111 111 jan.mueller@mail.com

12.4 TIPPS FÜR BEWERBUNGSGESPRÄCHE

Wie bei Bewerbungsgesprächen in Deutschland ist die Vorbereitung einer der wichtigsten Erfolgsfaktoren. Wenn Sie auf mögliche Fragen gut präpariert sind und wissen, wie Sie sich richtig präsentieren, werden Sie die Recruiter*innen wesentlich leichter überzeugen können.

Im Gegensatz zu Deutschland ist es den USA üblich, Bewerbungsgespräche per Videotelefonie, z. B. über Zoom, durchzuführen. Das bedeutet dennoch, dass Sie sich entsprechend kleiden müssen, denn im Schlafanzug vor dem Bildschirm zu erscheinen, dürfte für jedes Unternehmen ein klares Ausschlusskriterium darstellen. In den USA ist es normal, ein Vorstellungsgespräch mit einem Small Talk zu beginnen. Das sollte Sie auf keinen Fall davon ablenken, dass es jederzeit zu kniffligen Fragen kommen kann. Sollten Sie schlagfertig und souverän antworten, erwecken Sie einen guten Eindruck. Nach dem Vorstellungsgespräch sollten Sie nach kurzer Zeit eine E-Mail schreiben, um sich für den Termin zu bedanken. Das zeugt von Interesse und erhöht die Chance auf eine Einstellung.

12.4.1 VORBEREITUNG AUF DAS VORSTELLUNGSGESPRÄCH

Bei einem englischen Vorstellungsgespräch könnten verschiedene Fragen gestellt werden, von denen einige unangenehm sein können. Sie sollten daher grob wissen, was auf Sie zukommen kann. Auf diese Weise sind Sie vorbereitet und können besser auf schwierige Situationen reagieren.

MÖGLICHE FRAGEN IM VORSTELLUNGSGESPRÄCH	
Can you tell me about yourself?	Können Sie mir etwas über sich selbst erzählen?
Why would you like to work for us?	Warum möchten Sie für uns arbeiten?
Please tell us something about yourself.	Bitte erzählen Sie uns etwas über sich.
What sets you apart from other candidates?	Was unterscheidet Sie von anderen Bewerber*innen?
What relevant experience do you have for this role?	*Über welche relevante Erfahrung verfügen Sie für diese Position?*

MÖGLICHE FRAGEN IM VORSTELLUNGSGESPRÄCH	
Tell me about a successful project you worked on and what your role was.	Erzählen Sie mir von einem erfolgreichen Projekt, an dem Sie gearbeitet haben, und welche Rolle Sie hatten.
What are your salary expectations?	Wie sind Ihre Gehaltsvorstellungen?
How do you prioritize your work and handle deadlines?	Wie priorisieren Sie Ihre Arbeit und wie gehen Sie mit Fristen um?
What have you achieved in your life so far?	Was haben Sie in Ihrem Leben bis jetzt erreicht?
How would you deal with a displeased customer?	Wie würden Sie mit einem unzufriedenen Kunden umgehen?
What are your strengths?	Was sind Ihre Stärken?
What are your weaknesses?	Was sind Ihre Schwächen?
How you deal with unfair criticism?	Wie gehen Sie mit unberechtigter Kritik um?
What is your first impression of our company?	Was ist Ihr erster Eindruck von unserem Unternehmen?
Do you have any questions for us?	Haben Sie Fragen an uns?

12.4.2 SMALL TALK ZU BEGINN DES VORSTELLUNGSGESPRÄCHS

Es kann nicht schaden, wenn Sie bereits beim Small Talk einen guten Eindruck hinterlassen.

SMALL TALK VOR DEM VORSTELLUNGSGESPRÄCH	
Thank you for the detailed directions. They made it really easy to find my way here.	Vielen Dank für die genaue Ortsbeschreibung. So war es wirklich einfach, hierherzufinden.
I am impressed with the location. Everything seems to be directly next door.	Ich bin beeindruckt von der Lage. Alles scheint direkt in der Nähe zu sein.
I love how welcoming and organized the office space is here.	Ich finde es toll, wie einladend und organisiert die Büroräume hier sind.
Thank you for inviting me. The office/building/company looks great.	Danke für die Einladung. Das Büro/Das Gebäude/Die Firma sieht großartig aus.
I heard the team/company recently achieved [mention recent accomplishment]. Congratulations!	Ich habe gehört, dass das Team/Unternehmen kürzlich [Erwähnung einer kürzlichen Leistung] erreicht hat. Herzlichen Glückwunsch!

SMALL TALK VOR DEM VORSTELLUNGSGESPRÄCH	
I noticed on your LinkedIn profile that we share a common interest in [shared interest].	Ich habe auf Ihrem LinkedIn-Profil gelesen, dass wir ein gemeinsames Interesse an [gemeinsames Interessensgebiet] haben.
I hope you don't mind me asking, but how long have you been with the company?	Ich hoffe, es macht Ihnen nichts aus, wenn ich frage, aber wie lange sind Sie schon im Unternehmen?
I noticed you have some interesting artwork/decorations here. Do they have a special meaning?	Mir ist aufgefallen, dass Sie hier interessante Kunstwerke/Dekorationen haben. Haben sie eine besondere Bedeutung?

12.4.3 HARD SKILLS UND SOFT SKILLS

Im Laufe des Bewerbungsgesprächs werden Sie mit Sicherheit auf Ihre Fähigkeiten angesprochen. Daher sollten Sie Ihre Hard Skills und Soft Skills in der englischen Sprache äußern können. Der Begriff Hard Skills beschreibt fachliche Kompetenzen, die sich erlernen lassen und messbar sind. Soft Skills beziehen sich auf Charakterzüge, Fähigkeiten und Verhaltensweisen. Machen Sie sich vor der Bewerbung Gedanken, welche Fertigkeiten und Eigenschaften zu der ausgeschriebenen Stelle passen, die der Realität und Ihrer Person entsprechen, damit es später nicht zu Problemen kommt.

HARD SKILLS	SOFT SKILLS
academic degrees *akademische Abschlüsse*	adaptable *anpassungsfähig*
foreign languages *Fremdsprachen*	resilient *belastbar*
programming languages *Programmiersprachen*	intercultural competence *interkulturelle Kompetenz*
software knowledge *Softwarekenntnisse*	communication skills *Kommunikationsfähigkeit*
Digital Marketing *Digitales Marketing*	willingness to learn *Lernbereitschaft*
Network Administration *Netzwerkadministration*	organizational skills *Organisationstalent*
Graphic Design *Grafikdesign*	problem solving skills *Problemlösungsfähigkeit*
certificates *Zertifikate*	ability to work in a team *Teamfähigkeit*
	responsible *verantwortungsbewusst*

12.5 ÜBUNG 10 – FRAGEN ZU BEWERBUNGEN (MULTIPLE CHOICE)

Bewerbungen sind kein einfaches Thema und es gibt viele Fettnäpfchen. Wie lauten die richtigen Antworten?

1. What should you not put on an American CV?

a) photo
b) references
c) private details
d) relevant stages in life
e) skills

2. How does an English cover letter differ from a German one?

a) Sender is in the top right-hand corner.
b) Sender is in the top left-hand corner.
c) The date does not include a place.
d) The date does include a place.
e) Under the date is the recipient.

12.6 ÜBUNG 11 – BERUFSBEZEICHNUNGEN UND AUFGABEN

Finden Sie in der nachfolgenden Übung die Verantwortlichkeiten, die zu den Berufsbezeichnungen passen, und verbinden Sie die zugehörigen Positionen zwischen den Ziffern 1-8 und den Buchstaben a-h. Falls Sie dieses Buch als eBook-Variante lesen, notieren Sie sich Ihre Ergebnisse, um sie später mit den Lösungen zu vergleichen.

VERANTWORTLICHKEITEN	BERUFSBEZEICHNUNGEN
1) answer calls, arrange appointments, organize documents and files	a) software developer
2) audit financial records, ensure compliance, manage budgets	b) legal assistant
3) debug software, test applications, write code	c) CEO
4) handle returns, provide technical support, resolve customer issues	d) HR manager
5) draft legal documents, manage calendars, organize case files	e) sales representative
6) build relationships, develop plans, make key decisions	f) secretary
7) implement performance management systems, manage benefit programs, onboard new employees	g) customer service
8) demonstrate products, identify potential customers, negotiate sales	h) accountant

12.7 LÖSUNG – ÜBUNG 10

1. a, c
2. a, c, e

12.8 LÖSUNG – ÜBUNG 11

1. f
2. h
3. a
4. g
5. b
6. c
7. d
8. e

13

WICHTIGE GRAMMATIKREGELN

Die nachfolgenden Kapitel helfen Ihnen, Ihre Grammatikkenntnisse aufzufrischen.

13.1 GEGENWART (PRÄSENS)

Um die Gegenwart auszudrücken, nutzt man im Englischen zwei Formen: **Simple Present** und **Present Progressive**.

Das Simple Present drückt ein Geschehen in der Gegenwart aus. Es gibt keinen direkten zeitlichen Bezug. Eine Nutzung des Simple Present ist ebenso bei aufeinanderfolgenden und wiederkehrenden Handlungen möglich.

SIMPLE PRESENT	
I work at this company.	Ich arbeite in diesem Unternehmen.

SIMPLE PRESENT	
I go to work at 9 a.m. every morning.	Ich gehe jeden Morgen um 9.00 Uhr zur Arbeit.
When you go to work, you improve your personal and professional skills.	Wenn Sie zur Arbeit gehen, verbessern Sie Ihre persönlichen und beruflichen Fähigkeiten.
He goes to work every morning.	Er geht jeden Morgen zur Arbeit.

Das Present Progressive wird zur Beschreibung von Zuständen in der Gegenwart genutzt. Es kann auch für Handlungen in der nahen Zukunft verwendet werden.

PRESENT PROGRESSIVE	
I'm still paying off my student loan.	Ich zahle immer noch meinen Studienkredit ab.
He is waiting at work.	Er wartet auf der Arbeit.
She is meeting him right now.	Sie trifft sich gerade mit ihm.
I'm working at the office until noon.	Ich arbeite bis mittags im Büro.

13.2 PERFEKT

Das Perfekt kennt zwei Formen: **Past Perfect** und **Present Perfect**.

Steht eine Handlung vor einem Ereignis oder einem Zeitpunkt in der Vergangenheit, nutzen Sie für die erste Handlung das Past Perfect und für die zweite das Simple Past.

PAST PERFECT	
My boss canceled the presentation which I had finished before.	Mein Chef hat die Präsentation abgesagt, die ich zuvor fertiggestellt hatte.
He was late at work because he had met an old friend.	Er kam zu spät zur Arbeit, weil er einen alten Freund getroffen hatte.

Sie nutzen das Present Perfect für Zustände, die sich auf die Gegenwart auswirken, Handlungen, die bis in die Gegenwart andauern oder soeben abgeschlossene Ereignisse.

PRESENT PERFECT	
I have just made an appointment at the office.	Ich habe gerade einen Termin im Büro vereinbart.
You have already met the CEO of the company.	Sie haben den CEO des Unternehmens bereits kennengelernt.
He has never made a presentation.	Er hat noch nie einen Vortrag gehalten.

13.3 VERGANGENHEIT (PRÄTERITUM)

Um über die Vergangenheit zu sprechen und zu schreiben, werden die beiden Formen **Simple Past** und **Past Progressive** genommen.

Das Simple Past nutzen Sie bei abgeschlossenen, neu eintretenden und sich wiederholenden Handlungen.

SIMPLE PAST	
I went to the office last Saturday.	Ich war letzten Samstag im Büro.
I finished my presentation a few days ago.	Ich habe meine Präsentation vor ein paar Tagen abgeschlossen.
I was in the USA last year.	Ich war letztes Jahr in den USA.
The last time I met him was in summer 2020.	Das letzte Mal habe ich ihn im Sommer 2020 getroffen.

Das Past Progressive verwenden Sie bei in der Vergangenheit verlaufenden Handlungen oder mehreren Handlungen, die zur gleichen Zeit passierten. Sie können es auch nutzen, wenn eine bereits laufende Handlung unterbrochen wurde.

PAST PROGRESSIVE	
I was talking to the boss.	Ich habe mit dem Chef gesprochen.

PAST PROGRESSIVE	
He was talking to the boss while the secretary was making a phone call.	Er sprach mit dem Chef, während die Sekretärin einen Anruf tätigte.
When I was talking to the boss someone interrupted me.	Als ich mit dem Chef sprach, unterbrach mich jemand.

13.4 ZUKUNFT (FUTUR)

Für die Aussage einer Zukunftshandlung gibt es vier Formen: **Simple Present**, **Present Progressiv**, Sätze mit ‚**going to**' und Formulierungen mit dem sog. ‚**will future**'.

Das Simple Present können Sie für Ereignisse in der Zukunft nutzen. Die Voraussetzung ist, dass sie sicher in Ihrer Meinung bzw. Aussage sind.

SIMPLE PRESENT	
The bus arrives at 6 a.m. in the morning.	Der Bus kommt um 6 Uhr morgens an.
The job interview is tomorrow morning at 8 a.m.	Das Vorstellungsgespräch findet morgen früh um 8.00 Uhr statt.

Das Present Progressive gebrauchen Sie bei bereits ausgemachten Handlungen und Ereignissen, über die mindestens eine beteiligte Person Bescheid weiß.

PRESENT PROGRESSIVE	
She is getting a promotion next year.	Sie wird nächstes Jahr befördert.
He is meeting the CEO of the company when he gets to New York.	Bei seiner Ankunft in New York trifft er sich mit dem CEO des Unternehmens.
I'm spending all day at home with my friends.	Ich verbringe den ganzen Tag zu Hause mit meinen Freunden.

‚Going to' benutzen Sie für geplante Handlungen und Schlussfolgerungen.

SÄTZE MIT ‚GOING TO'	
Tomorrow I'm going to finish this presentation.	Morgen werde ich diese Präsentation fertigstellen.
I'm going to New York next year.	Ich werde nächstes Jahr nach New York reisen.
Look at him, he's going to yell soon.	Sieh ihn dir an, er wird bald schreien.

Will' nutzen Sie für spontane Entscheidungen, nicht veränderbare Ereignisse und Versprechen. Die verneinte Form lautet ‚won't'.

FORMULIERUNGEN MIT ‚WILL FUTURE'	
I promise, I'll finish the presentation as soon as I can.	Ich verspreche, dass ich die Präsentation so schnell wie möglich fertigstellen werde.
I think he'll get a promotion soon.	Ich denke, er wird bald befördert werden.
I believe he'll ask for a salary increase.	Ich glaube, er wird um eine Gehaltserhöhung bitten.
In my opinion he won't get a salary increase.	Meiner Meinung nach wird er keine Gehaltserhöhung bekommen.

14

GRAMMATIKREGELN MIT ESELSBRÜCKEN

Grammatik kann ziemlich anstrengend sein, denn es ist schließlich nicht einfach, sich alle Besonderheiten zu merken. Zum Glück gibt es Eselsbrücken mit hilfreichen Merksätzen, die die Anwendung erleichtern.

14.1 PRÄSENS – 3. PERSON SINGULAR

He, she, it,
das *s* muss mit.

Dieser Merksatz bezieht sich auf die Nutzung der Verben in der dritten Person Singular Präsens. Ans Ende jedes Verbs wird ein ‚s' angehängt.

He talk**s**.
She listen**s**.
It slip**s**.

14.2 FRAGEWÖRTER ‚WHO' UND ‚WHERE'

‚Who', ‚who', ‚who', wer bist du?
‚Where', ‚where', ‚where', wo kommst du her?

Bei den Fragewörtern ‚who' und ‚where' kann es leicht zu Verwechslungen kommen, da das englische ‚where' dem deutschen ‚wer' in der Aussprache sehr ähnlich ist. Um eine falsche Übersetzung und Anwendung zu vermeiden, gibt es die Eselsbrücke mit den o. g. Fragesätzen.

Who is she?
Where has he been?

14.3 ZEITFORM BEI ‚YESTERDAY', ‚AGO' UND ‚LAST'

‚Yesterday', ‚ago' und ‚last',
brauchen stets das Simple Past.

Durch die Wörter ‚yesterday', ‚ago' und ‚last' wissen Sie sofort, dass es sich um eine abgeschlossene Handlung in der Vergangenheit handelt. Daher muss das Simple Past benutzt werden.

Yesterday I **saw** his secretary.
Some days **ago** I **wrote** an application letter.
Last Saturday we **met** the CEO of the company.

14.4 ‚DID' PLUS GRUNDFORM

‚Did' und Grundform ist die Norm,
nach ‚did' kommt nie die Past-Tense-Form!

Die Verwendung von ‚did' zeigt bereits die Vergangenheit an. Daher wird es nie in Kombination mit einer Past-Tense-Form genutzt.

Did he come to the meeting? I came to the meeting.
Did he present it? I presented it.
Did he go to the job interview? I went to the job interview.

14.5 PERFEKT BEI ‚NEVER', ‚EVER', ‚YET', ‚SO FAR'

**‚Never', ‚ever', ‚yet', ‚so far' –
Present Perfect – ist doch klar!**

Die Signalwörter ‚never', ‚ever', ‚yet' und ‚so far' weisen Sie auf die vollendete Gegenwart und daher gebraucht man im Englischen das Present Perfect.

I have **never** talked about this.
Have you **ever** met the manager?
I haven't met him **yet**.
So far I haven't met him.

14.6 KONDITIONALSÄTZE IM ENGLISCHEN

**‚When' ist temporal,
‚if' ist konditional!**

Die Konjunktion ‚wenn' kann im Deutschen sowohl konditional als auch temporal (zeitlich) genutzt werden. Im Englischen gibt es zwei verschiedene Wörter. ‚When' nutzt man bei zeitlichen Angaben, ‚if' wird in Bedingungssätzen verwendet. Als Eselsbrücke hilft die Identifikation der Buchstaben ‚w' und ‚f'. Denken Sie an das ‚wenn' und ‚falls' im Deutschen und an das ‚w' in ‚wenn' und ‚when' sowie das ‚f' bei ‚falls' und ‚if'.

When the meeting is over, we have to go back to work.
If I get the job, I will celebrate with my friends.

14.7 ZEITANGABENMERKHILFE

‚A' vor ‚P'!

Gegen die Verwechslung der Zeitangaben für den Vormittag und Nachmittag gibt es eine leicht zu merkende Regel. Das ‚A' kommt im Alphabet vor dem ‚P'! Und so kommt der Vormittag mit ‚a.m.' vor dem Nachmittag mit ‚p.m.'.

Every morning I eat breakfast at **8 a.m.**
Let's meet in the afternoon at **4 p.m.**

14.8 SATZSTELLUNG SVOMPT

Subject, Verb, Object, Manner, Place, Time (SVOMPT)

SVOMPT ist eine gute Merkhilfe für den Satzbau im englischen.

The CEO (**S**ubject) meets (**V**erb) his employees (**O**bject) enthusiastically (**M**anner) at the office (**P**lace) every morning (**T**ime).

Der CEO trifft seine Mitarbeiter jeden Morgen mit großer Begeisterung im Büro.

15

WEITERE ÜBUNGEN

15.1 ÜBUNG 12 - GRAMMATIK (SINGLE CHOICE)

Wählen Sie das richtige Relativpronomen!

The businessman __________ talked about the meeting is a friend of my sister.

a) who
b) which

Some oder Any? Was ist richtig?

Could you give me __________ money for the project, please?

a) some
b) any

15.2 ÜBUNG 13 - LÜCKENTEXT

Setzen Sie die richtigen Wörter in die Lücken ein.

apply, business English, career, challenges, cultural, cultural peculiarities, dissatisfied, face-to-face, globalized, navigating, knowledge, vocabulary

Our world is becoming increasingly __________. So it's not surprising that language skills have become more and more important in business. The most important language is, of course, English. However, school English is not enough, a solid knowledge of __________ is required. In addition to language skills, there are other skills that are important for __________ the business world. For example, there are __________ in the USA. Every business person should be aware of these. Business English is not just about __________, but also about culture and how to communicate. Only those who have all this will be able to meet the __________ of the business world. The challenges are indeed considerable. Business people need to be able to negotiate, to placate __________ customers and to communicate with people from a wide range of __________ backgrounds. The fact that this involves not only __________ communication but also phone calls and e-mails doesn't make it any easier. Fortunately, this book will teach you everything you need to know as a business person. Not planning on becoming a businessman? Business English can still help you in your __________. For example, you will learn how to __________ for a job and make a good impression in an interview. You can use the __________ you gain in a wide range of situations.

15.3 ÜBUNG 14 - PASSENDES WORT (SINGLE CHOICE)

Finden Sie das passende Wort!

1. You need it to write something on a computer.

a) keyboard
b) microphone
c) mouse
d) headphones

2. An important part of every job application in America.

a) photo
b) cover letter
c) personal details
d) grades at school

3. Essential for every logistics company.

a) biros
b) water dispenser
c) fax machine
d) shipments

4. A way to describe the merge of multiple companies.

a) concern
b) group of companies
c) association
d) society

5. A place to store a huge amount of goods.

a) warehouse
b) lager

c) purse
d) cardboard

15.4 ÜBUNG 15 - ÜBERSETZUNG

Übersetzen Sie diese Sätze aus dem Deutschen ins Englische.

1. Das Unternehmen musste letzten Monat geschlossen werden.
2. Ich werde Ihnen die Auftragsbestätigung zusenden.
3. Es ist mir ein Vergnügen, Sie kennenzulernen.
4. Die Lieferung ist noch nicht eingetroffen.
5. Ich würde mich gern um die offene Stelle bewerben.
6. Machen wir weiter mit dem nächsten Punkt auf der Agenda.

15.5 LÖSUNG - ÜBUNG 12

1. a
2. a

15.6 LÖSUNG - ÜBUNG 13

1. globalized
2. business English
3. navigating
4. cultural peculiarities
5. vocabulary
6. challenges
7. dissatisfied
8. cultural

9. face-to-face
10. career
11. apply
12. knowledge

15.7 LÖSUNG - ÜBUNG 14

1. a
2. b
3. d
4. b
5. a

15.8 LÖSUNG - ÜBUNG 15

1. The company had to be closed down last month.
2. I will send you the order confirmation.
3. It's a pleasure to meet you.
4. The delivery/shipment has not arrived yet.
5. I would like to apply for the open position.
6. Let's move on to the next item on the agenda.

16

TIPPS ZUR SPRACHVERBESSERUNG

Wie gut Ihr Business Englisch nach einer Zeit des intensiven Lernens ist, bestimmen Sie durch regelmäßiges Training. Für einen schnellen Erfolg gebe ich Ihnen einige Tipps mit auf den Weg.

1. NACHRICHTEN AUF ENGLISCH

Es gibt sowohl in Großbritannien als auch in den USA Sender, die ihren Fokus auf Wirtschaftsnachrichten legen. Solche Nachrichten eignen sich hervorragend, um Ihr Business Englisch zu verbessern. Natürlich werden Sie auf komplizierte Themen treffen, dennoch sollte Sie das nicht demotivieren. Wenn Sie regelmäßig eine halbe Stunde Wirtschaftsnachrichten anschauen, wird sich Ihr Fachjargon schnell verbessern.

2. SPRECHPRAXIS

Wenn Sie eine Sprache lernen, sollten Sie das immer laut tun. Dadurch nehmen Sie die Wörter nicht nur über zwei Lernkanäle auf, sondern helfen Ihrem Gehirn eine Verbindung zwischen den verarbeiteten Informationen und Ihren

Gesichtsmuskeln herzustellen. Zudem vervollkommnen Sie Ihre Aussprache und können professioneller auftreten.

3. ZEITUNGEN

Sie müssen nicht in einem englischsprachigen Land wohnen, um Zeitungen auf Englisch zu finden. Selbst in Deutschland gibt es genügend Auswahl. Am besten suchen Sie nach Artikeln, welche sich überwiegend mit Finanz- oder Wirtschaftsnachrichten befassen. Sie werden im Gegensatz zu diesem Buch allerdings keine Erklärungen zu bestimmten Formulierungen vorfinden. Dennoch reichern Sie Ihren Wortschatz an und können im Zweifelsfall in einem Wörterbuch bestimmte Vokabeln nachschlagen.

4. FILME

Wirtschaftsnachrichten sind zwar besser als Spielfilme, aber gerade am Anfang werden Sie sich mit den Fachbegriffen schwertun. Eine Alternative können englischsprachige Filme sein, die sich mehr oder weniger mit Wirtschaftsthemen befassen, z. B. Wolf of Wall Street.

5. ÜBUNGSZEIT VOR DEM NACHTSCHLAF

Sie müssen vor dem Schlafengehen nicht stundenlang pauken. Es ist vollkommen in Ordnung, wenn Sie das Gelernte überfliegen, da Ihr Gehirn neue Informationen im Schlaf verarbeitet. Eine kurze Wiederholung vor dem Zubettgehen trägt infolgedessen dazu bei, dass sich das Gelernte einprägt.

6. ZIELSETZUNG

Wenn Sie sich realistische Ziele setzen, wirkt das wie eine Art Motivationsschub Sie werden schneller Fortschritte erzielen und mehr Spaß am Lernen haben. Sollten Sie Ihre Erwartungen zu hoch schrauben, werden Sie seltener Erfolgserlebnisse haben, was auf Dauer ziemlich entmutigend sein kann.

7. PRAKTISCHE ANWENDUNG

Probieren geht bekanntlich über Studieren. Beim Lernen einer Fremdsprache ist das nicht anders. Sie werden Ihr Business Englisch dann merklich verbessern, wenn Sie das Gelernte in der Praxis anwenden. Begeben Sie sich bewusst in Situationen, in denen Sie Ihr Geschäftsenglisch anwenden müssen. Versuchen Sie, mit englischen Kolleg*innen Freundschaften zu knüpfen, denn der Austausch wird Ihrem Business Englisch zugutekommen.

8. SPRACHNIVEAU

Es kann nicht schaden, wenn Sie Ihren Wissensstand in der Fremdsprache kennen. Daher bietet sich ein Sprachtest zur Bestimmung Ihres Niveaus an. Da die Auswahl an Sprachtests groß ist, seien CEFR (Common European Framework of Reference for Languages) und das Cambridge Certificate besonders empfohlen.

17

ABKÜRZUNGEN IM GESCHÄFTSALLTAG

Im Geschäftsalltag werden Sie immer wieder auf Abkürzungen treffen. Damit Sie wissen, worum es geht, sollten Sie einige der wichtigsten Abkürzungen im Business Englisch kennen.

ABKÜRZUNG	BEDEUTUNG	DEUTSCH
AI	Artificial Intelligence	Künstliche Intelligenz (KI)
ASAP	as soon ss possible	so bald wie möglich
B2B	Business-to-Business	Geschäftsbeziehungen zwischen mind. zwei Unternehmen
B2C	Business-to-Consumer	Geschäftsbeziehungen zwischen Unternehmen und Privatpersonen

ABKÜRZUNG	BEDEUTUNG	DEUTSCH
B2G	Business-to-Government	Geschäftsbeziehungen zwischen Unternehmen und staatlichen Institutionen
BTW	by the way	übrigens
C2C	Customer-to-Customer	Geschäftsbeziehungen zwischen mind. zwei Personen
CEO	Chief Executive Officer	Vorstandsvorsitzende*r eines Unternehmens
CET	Central European Time	Mitteleuropäische Zeit (MEZ)
CFO	Chief Financial Officer	Finanzvorstand eines Unternehmens
CHRO	Chief Human Resources Officer	Personalchef*in eines Unternehmens
CIO	Chief Information Officer	Leiter*in der Informationsabteilung eines Unternehmens
CKO	Chief Knowledge Officer	Leiter*in der Wissensabteilung eines Unternehmens
CMO	Chief Marketing Officer	Marketing- oder Vertriebsleiter*in eines Unternehmens
COO	Chief Operating Officer	Leiter*in der operativen Geschäfte des Unternehmens
CPC	Cost per click	Kosten pro Klick auf bestimmte Werbeanzeigen
CRO	Chief Risk Officer	Hauptverantwortliche*r für das Risikomanagement

ABKÜRZUNG	BEDEUTUNG	DEUTSCH
CST	Central Standard Time Zone	zentrale Standardzeit
CTO	Chief Technology Officer	Technische*r Leiter*in eines Unternehmens
CVO	Chief Visionary Officer	Vorstand für Visionen des Unternehmens
DIY	Do It Yourself	Mach es selbst!
EST	Eastern Standard Time Zone	östliche Standardzeit
ETA	Estimated Time of Arrival	voraussichtliche Ankunftszeit
FAQ	Frequently Asked Questions	häufig gestellte Fragen
FB	Facebook	Facebook (soziales Netzwerk)
FYI	for your information	als Information für dich/Sie
HR	Human Resources	Personalabteilung
IG	Instagram	Instagram (soziales Netzwerk)
IMO	in my opinion	Meiner Meinung nach …
KPI	Key performance indicators	wichtige Leistungsindikatoren
MST	Mountain Standard Time	Mountain Standardzeit

ABKÜRZUNG	BEDEUTUNG	DEUTSCH
NA	not available	nicht verfügbar
NP	no problem	kein Problem
PST	Pacific Standard Time	pazifische Standardzeit
ROI	Return on Investment	Rendite (Verhältnis zwischen Gewinn und Investitionen)
SEO	Search Engine Optimization	Optimierung für Suchmaschinen
TTYL	Talk to you later.	Wir sprechen uns später.
UAP	Unique Advertising Proposition	Alleinstellungsmerkmal für Werbung
UN	United Nations	Vereinte Nationen
USP	Unique Selling Proposition	Alleinstellungsmerkmal für Produkt
VAT	Value Added Tax	Mehrwertsteuer
VIP	very important person	sehr wichtige Person
W/O	without	ohne

Es existieren zahlreiche weitere Abkürzungen, die von Branche zu Branche und von Kontext zu Kontext unterschiedlich sein können. Es ist empfehlenswert, den entsprechenden Zusammenhang zu berücksichtigen und bei Bedarf nachzufragen, um mögliche Missverständnisse zu vermeiden.

18

SCHLUSSWORT

Sie sind am Ende des Lehrbuchs für Business Englisch angelangt.

Herzlichen Glückwunsch!

Ich hoffe, dass Ihnen dieses Buch gefallen hat und Sie nun selbstsicherer durch die Geschäftswelt gehen können, weil es nicht nur um Ihre Sprachkenntnisse, sondern auch um Ihr Verhalten in bestimmten Situationen geht.

In der nachfolgenden Auflistung finden Sie die Zusammenfassung aller Themen:

- Häufige Fehler von Nicht-Muttersprachlern
- Zahlen und Zeiten
- Telefongespräche auf Englisch
- Verfassung geschäftlicher E-Mails
- Präsentationen auf Englisch
- Grammatik-, Rechtschreib- und Verständnisübungen zu geschäftlichen Situationen
- Verhandlungen im Geschäftsleben

- Deeskalation unangenehmer Situationen
- Bewerbung auf Englisch um eine Stelle in einem internationalen Unternehmen
- Kulturelle Besonderheiten in Großbritannien und den USA
- No-Gos im Geschäftsleben
- Wichtige grammatikalische Regeln
- Tipps zur Verbesserung der Englischkenntnisse
- Zahlreiche Vokabeln aus dem Bereich des Business Englisch

Diese Liste umfasst eine Menge unterschiedlicher Themenbereiche. Allerdings ist Ihre Reise in die Welt des Business Englisch noch lange nicht vorbei, denn Sie wissen, dass man nie auslernt. Sie sollten nicht aufhören, Ihr Wissen und Ihren Vokabelschatz zu erweitern, sondern stetig lernen und an Ihren Sprachkenntnissen arbeiten.

Ich habe versucht, alles zu tun, um Sie auf den richtigen Weg zu bringen.

Der Weg des Selbststudiums liegt an Ihnen.

Zeigen Sie allen Kontaktpersonen, wie gut Sie Business Englisch beherrschen.

Viel Erfolg!

IMPRESSUM

Deutschsprachige Erstausgabe 2023

Markus Williamson wird vertreten durch:

Gökhan Dogtas
c/o Block Services
Stuttgarter Str. 106
70736 Fellbach

Buchsatz
Danileoart | www.danileoart.com

Printed in Poland
by Amazon Fulfillment
Poland Sp. z o.o., Wrocław

33955983R00131